KB106480

어서 와,
암호화폐는
처음이지?

어서 와, 암호화폐는 처음이지?

발행일 2018년 1월 25일

지은이 이계화, 홍종화
펴낸이 손 형 국
펴낸곳 (주)북랩
편집인 선일영   편집 오경진, 권혁신, 최예은, 최승헌
디자인 이현수, 김민하, 한수희, 김윤주   제작 박기성, 황동현, 구성우, 정성배
마케팅 김회란, 박진관, 유한호
출판등록 2004. 12. 1(제2012-000051호)
주소 서울시 금천구 가산디지털 1로 168, 우림라이온스밸리 B동 B113, 114호
홈페이지 www.book.co.kr
전화번호 (02)2026-5777   팩스 (02)2026-5747

ISBN 979-11-5987-985-2 03320 (종이책) 979-11-5987-986-9 05320 (전자책)

(주)북랩 성공출판의 파트너
북랩 홈페이지와 패밀리 사이트에서 다양한 출판 솔루션을 만나 보세요!
홈페이지 book.co.kr • **블로그** blog.naver.com/essaybook • **원고모집** book@book.co.kr

화폐의 개념을 송두리째 바꿀 가상화폐 시대, 개인과 기업의 생존 전략

암호화폐 큐레이터가 되는 확실한 방법

—

어서 와,
암호화폐는
처음이지

이계화·홍종화 지음

북랩 book Lab

차례

암호화폐, 비웃을 때가 아니다

슘페터는 혁신을 경제발전론의 중심개념으로 언급하면서 생산을 확대하기 위해 노동이나 토지 등의 생산요소 편성을 변화시키거나 새로운 생산요소를 도입하는 기업가의 행위라고 말했다. 이렇게 하면, 투자수요나 소비수요가 자극되어 경제에 호황국면이 된다는 것이다. 그러면서 혁신을 경제발전의 가장 주도적인 요인이라고 말했다.

기술 진흙사태 가설(Technology mudslide hypothesis)이라는 게 있다. 기술변화공세에 맞서는 일은 밀려오는 진흙을 헤치면서 언덕을 오르는 것과 같다는 것이다. 어떤 기술을 끝까지 발전시키기 위해서는 계속 추격해오는 기술을 넘어서면서 새롭게 혁신해야 한다. 그렇지 않으면 그 기술은 밀려오는 진흙 속에 묻히기 때문이다. 또한, 가까스로 올라간 언덕 위에서 버티기 위해서는 모든 것을 총동원해야한다. 잠시나마 숨을 고르기 위해 멈출 경우 진흙더

미에 묻힌다.

또한, 혁신이 관습을 이기기 위한 조건을 보면, 원래의 질서에 복귀하라는 명령에 저항할 수 있을 만큼 충분히 뿌리를 내릴 때까지 지속적으로 혁신해야 하며, 그 과정은 작은 변화가 계속되어 큰 변화를 일으키는 방식이 아니라, 제방에 작은 구멍이 뚫려서 그 안에 있는 엄청난 에너지가 분출되기 시작하면 다시는 메울 수 없는 상태라는 것이다. 구멍을 뚫기 위해서는 호기심, 행운, 결단력, 순응을 강요하는 강력한 압박을 견디며 시류를 거스르는 용기가 필요하다.

전화기, 라디오, 컴퓨터, 자동차, 비행기, 우주여행 등 지금은 '당연한 것'들이 지금처럼 당연해지기까지 별다른 어려움이 없었을까. 절대 아니다. 인간의 삶을 변화시킨 커다란 혁신의 시작점에는 언제나 그 아이디어를 비웃고 비판했던 이들도 함께 존재했다. 그 비판 뒤에는 합리적인 근거가 있기도 했지만 각종 편견을 비롯해 인종차별, 종교 탄압, 이념 전쟁, 음모론이 뒤섞여 있기도 했다.

'절대 안 될 거야'라며 고개를 저었던 그들이 지금 우리의 생활을 본다면 자신들이 한 말을 흑역사라며 지우고 싶을 것이다. 이처럼, 하나의 아이디어가 틀리지 않았음이 증명되기까지는 오랜 시간이 걸리기도 했고 수많은 사람들의 희생이 필요하기도 했으며 역사의 아이러니를 만들어내기도 했다. 지구가 우주의 중심이 아니라는 주장이 인정받기까지는 많은 사람이 괴롭힘을 당했다. 제대로 된 낙하산이 만들어지기까지는 셀 수 없이 많은 사람들이 높은 곳에서 뛰어내려야 했다. 그리고 자신의 아이디어가 이룬 결실을 끝내 맛보지 못하고 세상을 등진 인물도 많았다.

이처럼, 어떤 혁신적인 생각이 세상에 정착하기까지는 '고난'은 필수적이라고 해야 할지도 모른다. 지금, 암호화폐는 많은 '지성인'들로부터 핍박을 받고 있다. 그런데, 세상이 비웃었던 상상을 찾아보는 것은 그다지 어렵지 않다. 1956년 영국의 리에트 울리는 우주여행이란 완전히 헛소리다, 라고 말했다. 그리고 정확히 1년 후인 1957년에 러시아에서 스푸트니크 1호가 발사되었다. 1943년에 IBM의 회장 토머스 왓슨은 내가 봤을 때 전 세계 컴퓨터의 수요는 기껏해야 5대가 전부이다, 라고 말했다. 컴퓨터로 엄청난 부를 거머쥔 사람이 한 말이라고 도저히 믿기지 않을 정도이다.

전화기를 발명한 다니엘 벨은 체포되는 수모를 겪기도 했다. 1863년의 뉴욕타임스에는 이런 기사가 실렸다.

- 뉴욕에서 한 남성이 자신이 금속전선을 통해 멀리 떨어진 거리 반대편까지 인간의 목소리가 들리도록 전달할 수 있다고 주장해 투자금을 갈취하려 한 혐의로 체포되었다.

또, 1936년의 뉴욕타임스에는 이런 기사도 있다.

- 로켓은 결코 지구의 대기권을 벗어날 수 없을 것이다.

미국의 천문학자인 사이먼 뉴컴은 1902년에 이런 말을 하였다.

- 공기보다 무거운 기계로 비행한다는 것은 실용적이지 않으며 대단하지도 않다. 물론 애초에 불가능하다.

1913년 미국철도협회 보고서는 이렇게 말한다.

- 자동차가 장거리 승객 이동에서 철도를 대체한다는 것은 그야말로 꿈같은 헛소리에 불과하다.

갈릴레이의 지동설을 묵살한 키아라몬티의 말은 차라리 코미디에 가깝다.

- 동물이 움직이려면 팔다리와 근육이 있어야 한다. 지구는 팔다리와 근육이 없다. 따라서 움직이지 않는다.

그 당시, 컴퓨터 애호가들이 즐겨 보았던 잡지인 파퓰러 메카닉스(Popular Mechanics)의 1949년 판에는 이런 제목도 있다.

- 컴퓨터는 아무리 발달해도 무게가 1.5톤은 될 것이다.

세계 대전의 영웅이자, 우리가 존경하는 정치가인 윈스턴 처칠은 1939년에 이런 말을 하였다.

- 원자력에너지는 폭발물이나 다름없지만, 그렇게까지 심각하게 위험해질 가능성은 없다.

심지어, 히로시마와 나가사키에 원자폭탄을 투하하러 간 공군 장성들조차 실제로 원자폭탄이 터지지 않을 것이라고 생각했다고 한다.

런던대학교 천문학 교수인 디오니수스 라드너는 이런 말을 하였다.

- 사람이 달까지 날아가 여행한다는 것은 마치 폭풍우치는 북대서양을 증기선으로 항해하는 것과 같다.

뉴욕타임스에 1939년에 이런 말을 하였다.

- 텔레비전이 결코 라디오의 심각한 경쟁상대가 될 수 없다. 텔레

비전을 보려면 사람들이 제자리에 앉아 화면에 눈을 계속 고정해야 하기 때문이다. 평균적인 미국 가족은 그럴 만한 시간이 없다.

어떤가. 지금 들으면 모두 실소를 금할 수 없을 내용이다. 그만큼 인간의 편견은 철옹성보다 강하고 뿌리가 깊을 지도 모른다. 지금, 암호화폐를 바라보는 시각이 이와 같지 않다고 어찌 단언할 수 있겠는가.

암호화폐가
어떻게 가치가 있어?

얼마 전까지만 해도 그렇지 않았는데, 최근에, 주변에 암호화폐를 한다고 얘기하면 냉소와 함께 돌아오는 질문은 대체로 이런 것이다.

- 암호화폐가 어떻게 가치가 있어?

그렇다. 이 질문에 답할 수 있는 사람이 몇이나 될까. 마치 게임을 하듯이 암호화폐를 하고 있는 20대, 30대 사람들은 기껏해야 이 정도로 대답할 수 있을 것이다.

- 4차 산업혁명에 중요한 기술이고, 미래의 화폐가 될 것이다.

문제는 최근에 암호화폐를 거래하는 이른 바, '코인판'에서조차 암호화폐의 가치를 말하는 것 자체가 터부시되는 질문이다. 마치 못할 짓을 하고 있는 사람들 같은 분위기를 배제할 수 없다. 그런 분위기가 존재하는 것은 투자자들 본인도 가치 판단보다는 투기에 가까운 투자를 하고 있다는 걸 스스로 느끼기 때문일 것이다.

정부는 암호화폐 거래를 노무현 정부의 '바다 이야기'를 거론하면서 이를 '도박'이라는 키워드를 갖고 단죄하려하고 있다. 반대로, 투자자들은 '4차 산업혁명'이라는 키워드를 내세워 본인의 투자금을 지키려 하고 있다. 언뜻 물과 기름의 양상이다. 이 글을 쓰고 있는 지금, 청와대 청원이 20만 명을 넘었을 것이다. 이제 청와대에서 정부의 입장을 내놓아야할 것이다. 무슨 답을 내놓을까 궁금하다.

이 글의 저자인 이계화와 홍종화는 솔직히 말해서 블록체인 전문가도 아니고, 그와 관련된 일을 하는 사람도 아니다. 다만, 이 시장에 나름 1년이 넘는 시간동안 관심을 갖고 투자해 온 개인 투자자이며, 경제와 경영, 그리고 혁신, 미래 등 관련 분야의 공부를 계속 진행하면서 얼마 전에 인공지능과 혁신에 관한 책인 〈보노보, 인공지능이 되다〉라는 책을 공동으로 출판한 사람이다.

처음 원고에는 이 〈들어가는 글〉이 존재하지 않았다. 하지만, 이 글을 꼭 써야할 것 같아서 다시 노트북 앞으로 온 것이다. 원고를 출판사에 넘기고, 처음에 계획하지 않았던 〈들어가는 글〉을 쓰게 된 이유는 정부를 옹호하기 위해서도, 우리가 투자한 암호화폐의 가격을 방어하기 위해서도 아니다.

이 책 본문 여러 곳에서 많은 정보와 지식을 전달했음에도 따로

장을 마련한 이유는, 논쟁이 깊어질수록 보다 정확한 정보와 탄탄한 논리를 갖고 싸워야 한다는 생각과 암호화폐 시장을 조금이라도 건강하게 만들고, 처음 시작하는 사람들에게 투자의 기준과 최소한 지식 등을 전달하기 위함이다. 암호화폐는 쉬운 듯, 쉬운 개념이 아니며 꼼꼼히 살펴야할 지식이나 정보가 생각보다 많은 탓이다.

다시 처음 질문으로 돌아가 보자. 처음에 이런 질문을 하였다.

- 가상화폐가 어떻게 가치가 있어?

이 질문은 참으로 우매한 질문일 수가 있다. 이 질문에는 가상화폐는 어떻게 기존 화폐를 대체할 수 있는가, 라는 질문과 같은 선상에 있다. 일반 개인들뿐만 아니라 많은 정부관계자들, 경제 전문가들, 기자들 모두 가상화폐 가치에 대한 논쟁을 '중앙 정부가 발행한 화폐' vs '가상으로 만들어진 화폐'라는 프레임 속에서 논쟁을 진행한다. 이 프레임으로 가면 당연히 다음과 같은 주장이 나온다.

- 가상화폐의 가격 변동성은 너무나 커서 화폐의 기능을 대체할 수 없다.

또한, 이 논리는 '중앙정부 vs 개인'이라는 대결구도를 만들어내고, 암호화폐를 옹호하는 개인들을 아나키스트(Anachist, 무정부주의자)로 매도한다. 정부의 정책에 불만이 있는 불온한 세력으로 몰아가는 것이다. 과연 그게 맞는 것일까. 그렇다면, 암호화폐가 기반이 되는 블록체인에 대해서 좀 알아볼 필요가 있다. 이 책에서도 그런 내용을 자세히 다루고 있지만, 혹여나 이 책을 지금 이 부분만 읽고 넘어갈 사람이 있을까, 하는 노파심에 간단하게 설명하고자 한다.

블록체인은 무엇인가?

이 세상에는 수많은 기술이 있다. 인류의 역사는 기술의 역사라고도 할 수 있다. 처음에 불을 사용하기 시작하면서부터 인간은 비로소 동물이나 자연으로부터 안전할 수 있었다. 불을 사용하게된 것이 경제적 가치를 지닌 것이다. 모든 기술들은 나름대로의 가치를 갖고 태어난다. 하지만, 우리는 보통 '경제성이 있는 기술'을 가치가 있다고 말한다. 특히, 우리나라처럼 순수기술에 대한 이해가 떨어지는 사회에서는 더욱 그러할 것이다.

경제성이 있기 위해서는 기본적으로 어떠한 문제에 처한 사람이 그 문제를 해결하기 위해 돈을 지불하고자 하는 마음이 있어야 한다. 즉 어떤 기술이 경제적으로 '가치가 있다'라고 말할 수 있으려면, 그 기술이 어떠한 문제에 처한 사람을 도와주고, 그 사람은 그 도움의 대가로 돈을 지불하고자 하는 마음이 있어야 한다. 마치,

우리가 어떤 물건에 대한 가격을 지불하는 것과 같은 이치라고 할 수 있을 것이다.

사실, 블록체인이라는 말처럼 쉽게 떠올리면서 그 개념을 제대로 설명할 수 있는 단어는 많지 않다. 소위 전문가라고 자처하는 사람들조차 답을 회피하려는 모습을 보인다. 왜 일까? 이유는 하나이다. 이해하기 어렵다는 것이다. 컴퓨터 공학을 전공하지 않은 사람은 이해하기 어려운 것이 사실이다. 다만, 다음의 글이 말하는 블록체인의 핵심적인 콘셉트는 이해할 수 있을 것이다. 논의의 편의를 위해서 블록체인을 다음과 같이 정의해보자.

- 어떤 서비스가 돌아가던 기존 집중된 시스템(Centralized System)에 어떤 문제가 있어, 다수의 시스템(Decentralized)으로 분산시켜 그 문제를 해결하는 것.

여기에는 지금 논쟁이 되고 있는 화폐에 대한 논쟁은 없다. 그렇다면, 화폐를 대체한다는 이야기는 어디에서 나온 것일까? 공교롭게도, 위에서 말한 '어떤 서비스'의 첫 사례가 화폐거래(송금) 서비스였기 때문이다. 바로 문제의 비트코인이다. 비트코인으로 피자를 사먹은 데서 비트코인의 역사가 시작되었다.

비트코인을 만든 사토시 나카모토는 기존 은행을 통한 화폐 거래 시스템에 문제가 있다고 보았다. 높은 거래 수수료와, 한곳에 모여 있는 거래장부가 해킹에 취약하다는 것이다. 실제로, 그는 세계 경제를 패닉 상태로 몰아넣었던 리먼 브라더스 사태에 대한 정부의 대응을 보면서 많이 실망하여 자신의 생각을 발표하였다. 그는 모든 문제의 출발이 중앙집권화된 화폐 시스템이라고 보았던 것이다. 이 문제에서 개인을 보호하기 위해서는 어떤 방식이 필요할까, 라는 고민 끝에 지금 문제가 되고 있는 암호화폐까지 나오게 된 것이다.

그는 거래 장부를 전 세계에 이해관계가 없는 다수의 시스템으로 분산시켜 관리하자는 제안을 한다. 이 생각이 '경제학적 가치'를 지닌다고 판단했다. 그런데, 한 가지 문제가 있었다. 분산된 시스템도 시스템인지라, 누군가의 컴퓨팅 파워를 필요로 할 수밖에 없다. 본인의 컴퓨팅 파워를 제공하는 사람들은 도대체 어떠한 이유에서 자신의 컴퓨팅 파워를 제공할 것인가, 라는 문제였다.

보이지 않는 손이 작동한다

이걸 그는 아주 기가 막힌 방식으로 해결한다. 그를 21세기의 천재라는 소리를 듣게 만든 아이디어이다. 바로 경제학적 경쟁과 희소성의 원칙을 이용한 보상시스템이다. 그는 이 송금서비스를 기획하면서 다음과 같은 절대적인 룰을 함께 만들었다.

- 이 송금거래 서비스를 이용하기 위해서는 비트코인이란 게 반

드시 필요하다. 이 비트코인은 컴퓨팅 파워를 제공해주는 불특정 다수의 사람에게 분배가 된다. 그런데 이 비트코인 분배는 총량이 한정되어 있고, 분배량은 점차 감소할 것이다.

이런 이유로, 불특정 다수의 시스템을 유지하는 대가로 보상을 받는 사람들이 마치 금광에서 금을 캐는 사람들과 유사하다하여, 채굴(마이닝)이라는 단어가 생겼고, 그런 사람들을 채굴자(마이너)라는 단어가 붙기 시작한 것이다. 사토시 나카모토가 만들어낸 이 송금 서비스를 앞서 정리한 블록체인 정의대로 정리하면, 이렇다.

- 기존에 존재하고 있던 화폐 간 거래(송금) 서비스가 높은 수수료와 해킹(조작)의 가능성이 있기 때문에, 분산화된 시스템을 도입하여 해결해보는 것.

그렇다면, '과연 높은 수수료와 해킹(조작) 문제를 심각하게 생각하고 있는 사람들은 이 세상에 얼마나 될 것이냐?'의 문제이다. 필요하지 않으면 아무리 좋은 아이디어도 소용없지 않은가. 해외를 자주 오가는 사람, 은행 시스템이 잘 구축되어 있지 못한 개발도상국에서 사업을 하는 사람, 불법적인 일을 해서 은행이 자신의 계좌를 막을까봐 두려운 사람들이 금방 떠오른다.

이 사람들에게는 새로운 송금비즈니스가 만들어내는 가치가 있을 것이다. 아예 없지는 않다는 말이 된다. 여기에 첫 번째 룰인 이 송금거래 서비스를 이용하기 위해서는 비트코인이란 게 반드시 필요하다, 라는 명제를 적용하면, 사토시 나카모토의 송금 서비스를 이용하려는 사람은 반드시 송금하려는 양만큼의 비트코인을 구매해야 하고, 이는 곧, 이 시스템을 유지하는 것에 대한 보상을 받은 채굴자들이 비트코인을 필요로 하는 이들에게 돈을 받고 시장에 팔 수 있는 기회가 된다. 수요와 공급이 있기 때문에, 아담 스미스가 말한 보이지 않는 손(invisible hand)이 작용하여 자연스럽게 가격이 형성이 되고, 가격이 형성되기 때문에 시장 또한 형성되는 것이다.

수요와 공급의 논리는
자본주의의 핵심이다

시장이 형성되어 수익이 발행하면, 당연히 시장에 진입하는 사람이 생겨난다. 시장에 진입하는 사람이 많아지면, 한정된 자원을 나눠 먹기 위한 경쟁은 심화된다. 이러한 경쟁 구도는 크게 두 가지 경제적 딜레마를 만들어 낸다. 내가 채굴한 비트코인을 시장에 풀지 않을수록, 수요와 공급 논리로 가격이 상승하여 채굴에 대한 수익은 늘어난다. 반대로, 시장에 비트코인을 다른 채굴자보다 더 싼 값에 팔아야 하기 때문에 빨리 팔아야한다. 이것이 첫 번째 딜레마이다. 이는 석유 생산국이 갖고 있는 죄수의 딜레마와 비슷하다.

석유 생산국들은 다 같이 석유를 안 팔아서 석유 가격을 올리는 것이 모두에게 유리하지만, 다른 나라보다 조금이라도 싼 값에 빨리 팔려는 유인도 동시에 갖고 있다. 이 딜레마로 인해 담합과 협상 결여가 불규칙적으로 반복되고 유가가 요동치는 것이다.

석유 생산자와 비트코인 채굴자가 다른 점은, 석유는 특정 문화권에 묶여 있다는 것과 어떤 나라가 석유생산국인지 다 알기 때문에 담합을 쉽게 이루어낼 수 있다. 하지만, 비트코인은 누구나 남는 컴퓨팅 파워만 있으면 채굴자가 될 수 있고, 채굴을 하는 사람에 대한 정보가 시장에 공개되지 않기 때문에, 담합을 이루어내기가 현실적으로 불가능하다는 점이다. 물론 담합이 이루어지더라도 죄수의 딜레마로 인해 곧 깨질 가능성이 크다. 서로의 마음을 전혀 예측할 수 없기 때문에, 먼저 자신의 죄를 말하고 형을 조금이라도 적게 받으려고 하는 죄수의 딜레마가 적용되어, 누군가 싼 값으로 재빨리 시장에 내놓을 가능성이 많은 것이다.

또 다른 딜레마는, 누군가 수익성이 나지 않다고 판단하여 비트코인 채굴 사업을 접게 되면, 한정된 양에 대한 분배 규칙으로 인해 남아 있는 채굴자들의 보상의 양이 늘어나고 남아있는 자들의 수익성은 커지게 되는 딜레마이다. 채굴이라는 것이 컴퓨팅 파워 혹은 전기세라는 비용이 존재하기 때문에 추가로 채굴을 했을 때, 그 한계효용이 제로가 되는 지점이 존재하게 된다. 이 지점을 넘는 것을 유지하여 계속해서 신규 사업자가 들어오도록 시장을 형성하는 것이 중요하다. 즉, 다시 말하면 투입하는 컴퓨팅 파워와 전기세를 넘어서는 이윤이 존재하도록 유지하는 것이다.

대형 채굴업자들이 채굴업을 접고 비트코인을 한 번에 다 던지면 시장 가격은 당연히 순간적으로 붕괴될 것이다. 하지만, 이 시스템의 경제적 가치가 제로는 아니기 때문에, 이득을 취하기 위한 신규 시장 참여자는 존재할 것이다. 즉, 누군가는 이익을 위해 채굴을 하러 들어온다는 것이다.

　이처럼, 신규 채굴자들이 그 자리를 금방 채워버린다면, 당연히 더 채굴을 했을 때, 한계효용이 제로인 균형점에 금방 도달하게 된다. 그렇게 되면, 대형 채굴자들은 시장에 들어올 수 없다. 이득이 존재하지 않기 때문이다. 수많은 개인들이 대형 채굴업자 대신에 자리를 채운다면 건강한 시장으로 성장할 수 있다. 채굴자가 불특정 개인들로 구성될수록 그들 간의 딜레마가 심해지고, 전체 시스템은 더욱 건강하게 되며, 그 위에서 돌아가는 블록체인 서비스는 더 잘 돌아가게 되는 역설이 성립한다. 즉, 현재처럼 많은 사람들이 블록체인 시장에 들어오는 것이 더 건강해진다는 것이다. 특정한 사람들만이 할 수 있도록 만들고, 신규 참여자들을 어떤 형식으로든 제한한다면 이 시장은 왜곡되고 불건전하게 된다는 논리가 성립하는 것이다. 정부의 규제를 반대하는 목소리에는 이런 합리적인 논리가 담겨 있는 것이다.

암호화폐 큐레이터를
길러내야 한다

비트코인 가격이 얼마나 오를까. 얼마가 적당할까, 하는 질문은 처음부터 모순을 안고 있다. 아무도 통제할 수 없는 시스템이기 때문에, 그 누구도 얼마나 오를지, 얼마가 적당한지 알 수 없다. 가장 확실한 대답은 비트코인의 가격이 절대 제로가 되지는 않는다는 것이다. 왜냐면, 이익이 존재하기 때문이다.

어쨌든, '기존 화폐 시스템' vs '비트코인'의 논쟁은 충분히 가치가 있다. 다만, 이 논쟁은 이성을 가지고 충분하고 여유 있게 토론할 사안이지, 어떤 가치관이나 정부의 정책 등으로 쉽게 묵살되어서는 안 된다. 더군다나, '도박'이라는 개념으로 접근해서는 안 될 것이다.

앞서 설명한 시장논리에 의해서 비트코인의 가격은 매순간 변할 정도로 불안정하다. 이런 이유 때문에, 비트코인이 제대로 된 화폐의 역할을 해줄 수 있느냐는 의구심이 드는 것도 사실이다. 반대로, 중앙집권화된 정부의 은행 시스템도 늘 말썽을 일으키고 있지 않은가. 견고한 바벨론 성이 무너지는 것처럼 말이다. 어쨌든, 이런 문제는 차츰 해결해가야 할 것이다. 또한, 블록체인 기술은 날로 진화하고 있다. 이 책에서도 비트코인 가격을 안정화시키기 위한 파생상품에 대한 것도 언급되어 있다. 비트코인의 가격 안정화가 문제라면, 그 문제를 해결하기 위한 역량을 집중하는 것이 올바른 해법이지, 불안정하다고 해서 버린다는 것은 너무 단순한 논리이다.

비트코인은 단지 어떤 서비스를 '화폐 거래(송금) 서비스'라고 좁게 잡았을 뿐이다. 그리고 '높은 수수료와 해킹(조작)에 취약한' 문제를 해결하면서 경제적 가치를 생산해 낸다고 본 것이다. 그럼 꼭 송금 문제가 아닌 다른 문제를 찾고 분산화된 시스템이 그 문제를 해결해 준다면, 다른 블록체인도 만들 수 있지 않을까? 이것이 수많은 알트코인(Alt-coin, 대안화폐)들이 나오게 된 계기가 되었다. 실제로, 지금 이 순간에도 수많은 알트코인들이 문제점을 해결하기 위해서 속속 개발되고 있다. 이런 알트코인을 선별할 수 있는 암호화폐 큐레이터가 중요한 이유가 여기에 있다. 이 책도 궁극적으로 암호화폐 큐레이터를 길러내고자 하는 목적을 담고 있는 것이다.

이처럼, 음악 산업에서, 광고 산업에서, 사물인터넷 산업에서, 의료분야에서, 법 분야에서, 게임 산업에서, 투명한 정치문화의 확립과 아프리카 기아 어린이 돕기 등 자선사업에서, 블록체인이 해결해줄 수 있는 문제들은 많다. 창세기 이래 최대의 플랫폼이라고 부르는 것도 다 그만한 이유가 있는 것이다. 또한, 알트코인들은 각자의 문제를 해결하기 위해 나온 것일 뿐, 이것이 모두 기존 화폐를 위협하기 위한 목적을 갖고 있는 것은 아니다. 알트코인에 관련 내용은 이 책 본문에 나와 있으니 참조하기 바란다.

그러므로, 암호화폐를 처음 접하는 사람이나 기존에 투자하고 있는 사람들 모두, 미래에 여러 산업들에 영향을 줄 탁월한 기술을 공부하고 있고, 그 기술에 투자하고 있다는 자부심을 가져도 좋을 것이다. 그러니 내가 투자하려는 코인의 백서를 읽어보는 것은 기본 중의 기본이 될 것이다.

내가 얼마나 대단한 기술에 투자를 하고 있는지에 대해 알고, 그 블록체인이 시장에 어떤 문제를 해결하려고 하는지 알아보는 것은 어찌 보면 당연하다고 할 것이다. 또한, 지금 가격이 저평가 되어있는지, 거품인지 판단해야한다. 분명 지금보다 가치가 100배 이상 뛰는 코인도 있을 것이고, 반대로 1/100이 되는 코인도 있을 것이다. 단기적인 이득을 위한 투기성 투자를 하지 말고, 미래 기술에 투자하려면 투자 회수기간을 먼 미래로 잡는 것을 권하는 이유가 이것이다.

이메일이 처음 서비스 되었을 때도 마찬가지였다

최근 법무부 장관을 비롯하여 가상화폐를 무작정 규제하려는 정부 관계자들은, 블록체인과 암호화폐가 정부 시스템을 위협하는 아나키즘적 사고가 아니라는 사실을 인지해야 한다. 물론 몇몇 코인들 중에는 중앙정부 시스템을, 혹은 중앙은행 시스템을 위협할 수 있을 만한 코인들도 분명 있을 것이다. 하지만, 이는 중앙집권화된 일부 정부 시스템들의 문제점을 해결하려는 시도이지, 정부를 부정하는 것이 아니다. 오히려 정부가 직접 나서서 정부의 여러 시스템들을 분산화하여 혁신을 주도해야 한다고 생각한다. 혁신은 끝없이 관습에 저항해야 성공할 수 있기 때문이다.

건강한 블록체인이 유지되기 위해서는 이에 대한 보상과 불특정 다수 채굴자들간의 경제적 딜레마가 반드시 필요하다. 즉 가상화폐의 가격형성 혹은 가상화폐 시장은 블록체인과 분리시킬 수 없는 요소이다. 당연하게도, 블록체인 기술의 발전은 도모하면서 가상화폐의 거래는 막는 것은 자기모순이다. 만약 가상화폐를 원화로 환전할 수 있는 기회를 박탈하면, 당연히 국내에는 어떠한 코인의 채굴자들도 없을 것이다. 채굴자들이 없다면 우리나라에서는 뛰어난 블록체인 기반 비즈니스가 나올 수 없다.

물론 과열된 시장과 그로 인한 사회문제들이 골치가 아플 것이다. 안 그래도 부동산 문제, 대기문제, 개헌문제 등 산적한 사안이 많은데, 난데없는 암호화폐 문제까지 정부의 발목을 잡는다고 불평할 수도 있을 것이다. 하지만, 문제가 있는 곳에 반드시 해결책은 존재하는 법이다. 해결책을 찾으려는 부단한 노력만이 살 길이다.

마지막으로 비슷한 사례를 한번 살펴보고자 한다. 바로 이메일이다. 다음은 네이버 창립멤버였던 김정호 베어베터 대표가 12일 법무부가 거래소 폐쇄까지 언급하는 등 정부가 암호화폐 규제를 추진하는 것에 대해 비판하면서 페이스북에 올린 내용을 토대로 재구성한 것이다. 김 대표의 말은 이렇게 시작한다.

- 항상 새로운 기술에 의한 서비스가 나오고 부작용이 생기면 한국은 일단 중국식으로 생각하고 통제하려는 조치를 한다. 그런 움직임은 유구한 관료제, 통제사회 역사의 영향이다.

그는 17년 전 당시 정보통신부에서 야후·다음·네이버 등 주요 포털 대표를 불러 '이메일의 위험성'에 대해 경고했던 일화를 소개했다. 그 내용은 다음과 같다.

- 갑자기 정보통신부 차관 주재 회의에 참석하라는 연락을 받고 갔다. 약 1시간 동안 이어진 호통의 주 내용은 무료 이메일 서비스가 무분별하게 제공돼 청소년들도 쉽게 이메일 계정을 만들 수 있는데 음란·도박·폭력·자살을 조장하는 메일까지 통제 없이 대량 수신되고 있다. 이메일 서비스를 제공하면서 막대한 수입을 올리는 포털은 아무런 양심의 가책을 느끼지 않는가.

당시 김 대표는 '이런 나쁜 메일을 대량으로 발송하고 돈을 버는 업체가 누구인가?'라는 질문에 '우리가 회의하고 있는 이 건물의 주인 KT'라고 답했다고 한다. 그 대답이 있고 난 후에, 갑자기 회의는 끝났다고 한다.

최근 암호화폐 관련 정부의 대응이, 이메일의 사례처럼 또 반복되는 역사의 한 장면이 아니기를 진심으로 바라는 마음 간절하다.

제1부

암호화폐에 대한
유쾌한 담론

그 많던 내 통장의
돈들은 누가 가져갔는가?

돈은 주조(鑄造)화된 자유

경제란 무엇인가? 한 마디로 표현하면 돈이다. 러시아의 작가인 도스토옙스키는 〈죄와 벌〉 등 그의 많은 소설에서 '돈은 주조(鑄造)화된 자유'라는 주제로 일관되게 많은 작품을 썼다. 실제로 그의 소설 여러 군데에서는 물건 값이 상세하게 서술되어 있다, 그가 돈을 위해 펜을 들었다는 평을 들을 만큼 평생 돈 문제에서 벗어나지 못했기 때문이다. 심지어 돈 때문에 서둘러 작품을 마감하느라 단숨에 쓴 소설도 여러 개 있었고, 원고지 매수에 따라 돈을 주는 출판사와 신문사의 관행 때문에 필요 이상으로 이야기를 질질 끌어서 원고지 매수를 늘렸다는 이야기도 전해지고 있다. 하지만 돈의 문제는 도스토옙스키의 문제만이 아니다. 하늘 아래 살고 있는 모든 사람은 돈을 벌기 위해 많은 시간을 소모하고, 또한 돈 문제 때문에 많은 에너지를 낭비하기도 한다. 어찌 보면 인간의 삶은 딱 한 가지만 있으면 될지도 모른다. 바로 돈이다. 자본주의가 극도로 발달한 지금에서는 결국 모든 것이 돈의 문제로 귀결이 된다.

그런데 이 돈은 묘한 존재임에 틀림이 없다. 열심히 일한다고 해서 돈이 많은 것도 아니고, 지식이 풍부하다고 해서 돈을 많이 벌수 있는 것도 아니다. 돈은 모든 사람에게 필요하고, 모든 사람에게 돈을 벌 수 있는 기회가 평등하게 주어졌다고 말하지만, 실상 우리 주변을 보면 돈에 여유가 있는 사람은 드물다. 좀 더 비판적으로 말하면 돈은 특정한 사람이 지니는 권력과 다름이 없다.

우리는 그동안 많은 세월을 통해 정치적인 민주화를 이루기 위해서 노력했다. 수많은 사람이 죽어갔고, 많은 사람이 상처를 입은 채로 현재를 살아가고 있다. 심지어 영국의 한 신문은 '한국에서 민주주의가 이루어지기를 바라는 것은 쓰레기에서 장미를 피우는 것과 같다'고 할 만큼 우리의 민주주의는 어렵고 지난했다. 그렇다고 해서 지금 정치적 민주주의가 완전한 것은 아니다.

그런데 정작 더 중요한 것을 우리는 놓치고 있다. 바로 경제적 민주주의다. 열심히 일하면 그만큼 돈을 많이 소유할 수 있어야 하고, 돈을 소유하고 누림에 있어 공평해야 한다. 그런데 현실은 전혀 그렇지 않다. 심지어 우리는 경제적 민주화를 저지하려는 세력들이 곳곳에 포진하고 있는지도 알지 못하고, 돈을 못 벌고 돈의 편리함을 누리지 못하는 이유를 순전히 자신의 운 없음과 게으름 때문이라고 탓하고 있지 않은가. 정작 다른 데에 일정부분 그 이유가 있다면 어떨까. 아니, 정작 더 큰 이유는 내가 전혀 모르는 곳에서 이루어진다면 참으로 분통 터지는 일일 것이다.

우리 주변에서 자주 듣는 단어 중의 하나가 바로 모피아이다. '모피아'는 재정경제부(MOFE)와 마피아(MAFIA)의 합성어로, 재경부 출신들이 정부 산하기관을 장악하는 것을 마피아에 빗대어 표현한 것이다. 우석훈이라는 작가는 '모피아'라는 소설에서 정확한 실체와 행적을 알 수 없는 모피아의 실상을 픽션의 형태로 낱낱이 고발하고 있다. 주인공과 모피아의 대결이 국운을 넘어, 전 세계를 무대로 한 '돈의 전쟁'으로 확산되는 모습을 통해 다가올 미래에 대한 두려움과 희망을 동시에 안겨 준다. 부제가 '돈과 마음의 전쟁'이다. 조금은 낯선 대칭이다. 돈과 마음이 전쟁을 하다니. 하지만 가장 적절한 표현임에 분명하다. 돈은 마음이 없기 때문이고, 마음은 돈으로 환산할 수 없기 때문이다. 달리 표현하면 '선과 악의 전쟁'이자 '자유와 독재'의 전쟁이라고 할 수 있을 것이다.

아무리 제도가 바뀌어도 큰돈은 벌 수 없다

작은 돈을 훔치면 절도죄가 된다. 하지만 큰돈을 훔치면 어떻게 될까. 단적으로 표현하면 기소할 수 없기에 무죄라고 할 수 있다. 이 세상에는 크고 작은 형태로, 그리고 여러 가지 방법으로 남의 돈을 훔치는 사람들이 존재한다. 때로는 국가라는 이름으로, 때로는 금융기관이라는 이름으로, 때로는 구제라는 명분을 동원해서 말이다. 그러기에 우리는 큰돈을 훔치는 사람의 실체를 모르고, 심지어 우리의 호주머니에서 나간 작은 돈이 모여서 어떻게 큰돈이 되고, 그 큰돈이 어떤 특정한 세력에게 들어가는지조차 모르고 있다. 심지어 그 돈이 어떻게 사용되고 있는지조차 모르거나 혹은 절대 알 수 없다. 그 답답한 마음을 달래며 이렇게 묻고 싶다. 당신의 호주머니에서 나간 돈은 지금 어디를 떠돌고 있는가? 도대체 누가 가져갔는가?

이미 큰돈은 가져갈 사람이 정해져 있다. 아무리 제도를 바꾸어도 지금 돈이 없는 사람은 큰돈을 만질 수가 없다. 이미 고착화된 자본주의 시스템이 그들의 돈을 견고하게 보호해주기 때문이다. 그렇다면 남아 있는 것은 무엇인가. 큰돈에 붙어 있는 '부스러기 돈'이다. 우리의 목표는 바로 이 부스러기 돈이다. 부스러기 돈을 벌기 위해 수많은 사람이 달려든다. 하지만 정작 그 부스러기 돈조차도 쉽게 내 지갑에 들어오지 않는다.

그렇다면 포기해야 할까. 아니다. 경제는 보이지 않지만 어떤 법칙이나 흐름이 있다. 그 법칙과 흐름을 연구하고 도전하는 것만이 지금 돈이 없는 사람들이 해야 할 유일한 방법이다. 한동안 '갭 투자'에 많은 사람이 몰렸다. 전세금이 해마다 올라가는 현상을 이용하고, 우리나라에만 있는 전세제도를 잘 파고든 투자 방법 중의 하나였다. 이것도 부스러기 돈을 벌고자 하는 '개미'들의 지난한 몸부림이었다. 그런데 정부가 이 개미들의 몸짓을 잡기 위해 엄청나게 고강도 대책을 내밀었다.

이제 안전하지 않다. 그럼, 합법적이고 미래지향적인 투자방법은 없는 것일까. 이렇게 가난을 대물림하면서 부자들의 행태를 욕하면서 쓴 소주잔이나 기울여야 하는 것일까. 아니다. 찾고자 하는 자에게 길은 반드시 열리게 되어 있다. 그 확실한 방법 중의 하나가 바로 암호화폐이다. 어떤 사람은 100년에 한번 찾아오는 대운(大運)이라고 한다. 그렇다. 돈을 훔칠 수는 없지만, 어딘가로 흘러가고 있는 돈의 물줄기를 내 쪽으로 돌려 내 지갑을 채워야 한다. 더군다나, 복잡한 기계설비나 사무실, 인원도 없이 오직 여러분이 게임을 하거나 채팅을 하거나 음악을 듣기 위해 가지고 다니는 스마트폰만 있으면 된다는데 이보다 더 어찌 좋을 수가 있는가. 정말 쾌지나 칭칭 나네 이다. 그럼 '이놈의' 암호화폐를 어찌해야한다는 말인가. 우선 알아야 한다. 알아야 도전하든지 말든지 할 것이 아닌가. 서서히 마음의 준비를 하고 어떻게 하면 부스러기 돈(경우에 따라서 뭉칫돈)이라도 내 지갑 속으로 몰아넣을지 관심을 가져주기를 바란다.

나는 어디서, 무엇을 위해 살고 있는가

인간은 누구나 행복을 추구한다. 그런 행복추구의 일환으로 인간은 제도를 만들고, 조직을 만들고, 국가를 만든다. 하지만 어느 순간에 인간이 만든 조직이나 제도가 오히려 인간을 옭죄는 수단으로 변하게 된다. 자유민주주의와 시장질서는 인간의 지혜가 담긴 축소판이라고 할 수 있다. 가장 지혜롭게 만들어 놓은 어쩌면 인간의 위대한 작품 중의 하나이다. 그러기에 그것은 견고하게 이

어져 왔고, 앞으로도 계속 이어질 것이다.

그런데 문제는 인간이 그런 제도 속에서 결코 행복하지 않다는 것이다. 물론, 그것에서 만족을 느끼고 '이보다 더 좋을 수 없다'고 끝없이 예찬하는 사람들도 있다. 하지만 그런 사람들은 소수에 불과하다. 다른 많은 사람은 그런 제도가 가지고 있는 폐해를 피해서 도망치거나 거기에서 좌절하거나 혹은 아주 극소수의 사람은 그 제도를 벗어나서 다른 삶을 꿈꾼다. 모두가 자신이 행복해지기 원해서 도출된 결과물이다.

그런 사람 중의 하나가 바로 데이비드 소로이다. 그리고 소로가 자신의 생각을 직접 실천하면서 쓴 책이 〈월든〉이다. 소로는 많은 사람이 기억하고 있고, 인류가 멸망하지 않는 한 계속 기억될 19세기 미국의 위대한 저술가이자 사상가이다. 재미있는 것은 〈월든〉이 출간 당시에는 그다지 주목을 받지 못했지만, 시간이 지날수록 그 가치를 더해가고 전 세계 독자들을 끊임없이 새로이 각성시키는 불멸의 고전이라는 것이다. 사람들이 그만큼 현대의 문명사회에서 지치고 고통 받고 다른 삶을 꿈꾸기 때문일 것이다.

소로는 하버드 대학을 졸업했으나 안정된 직업을 갖지 않고 측량 일이나 목수 일 같은 정직한 육체노동으로 생계를 유지하는 것을 선호했다. 세속적인 성공에 깊은 회의를 느꼈기 때문이다. 스스로에게 타협하지 않는 이러한 용기가 그로 하여금 불멸의 작품을 만들게 한 출발점이었다. 명문대를 졸업하면, 돈과 명예를 찾고자 부나비처럼 날아드는 요즘 세대들에게는 낯설어도 한참 낯선 사람

임에 틀림이 없다

특히 다름을 인정하지 않고, 마치 누구든 정해진 길을 걸어가 사회적으로 인정받는 것이 어느덧 많은 사람의 합의 아닌 합의가 되어버린 한국 사회에서는 어쩌면 '또라이'에 가까운 발상임에 틀림이 없다. 요즘 텔레비전 프로그램에서도 오지 또는 자연인에 대한 방송이 상당 부분 차지하고 있음을 볼 때 어쩌면, 우리 인간은 한편으로는 돈을 추구하지만 한편으로는 자유를 추구하는 이중적인 성격을 가지고 있는지도 모른다. 아니다. 돈과 명예를 추구하는 이유가 자유를 추구함이니 출발만 다를 뿐일지도 모른다.

〈월든〉은 1845년 월든 호숫가의 숲 속에 들어가 통나무집을 짓고 밭을 일구고, 물고기를 잡고 사는 소로의 일상과 그의 생각을 기술한 책이다. 소박하고 자급자족하는 2년간의 생활. 대자연의 예찬인 동시에 문명사회에 대한 통렬한 비판이며, 그 어떤 것에 의해서도 구속받지 않으려는 한 자주적 인간의 독립 선언문이기도 하다.

1852년 미국에서 처음 출간된 이 책 〈월든〉은 당시에는 별다른 주목을 끌지 못했지만, 오늘날 19세기에 쓰인 아주 중요한 책들 중 하나로 평가받고 있으며, 전 세계 많은 독자에게 읽히고 사랑받고 있다. 소로는 근래 21세기에 더욱 중요시되는 환경보호운동을 실질적으로 처음 주창한 사람이다. 그가 주창한 단순한 생활, 절대적인 자유의 추구, 자연과 더불어 항상 깨어있기, 실천을 통한 교육 등은 세월이 바뀌어도 지성인들의 꾸준한 사랑을 받으며 현대인들에게 많은 시사점을 주어왔다.

왜 이 책에 열광하는 것일까. 우선 그의 유려한 문장 때문이라고 할 수 있다. 〈월든〉은 미국을 대표하는 대표적인 산문이다. 두 번째는 에머슨을 능가하는 그의 사상 때문이다. 심오하고 독창적인 그의 사상은 많은 사람에게 영감을 주고 용기를 주고, 삶에 대한 성찰을 하게 한다. 더군다나, 자신의 세기를 뛰어넘어 미래를 내다보는 깊은 통찰력은 시간이 지나도 결코 그 빛이 바래지 않는다. 그러기에 불멸의 고전으로 자리매김하고 있는 것이다.

오늘도 우리는 고도로 발전되어 있는 자본주의 한 모퉁이에서 조용필이 킬리만자로의 표범이라는 노래에서 말했듯이 '21세기 간절히 원해서' 살고 있다. 그런데 가슴은 공허하고 도무지 갈피를 잡지 못하겠다고? 그렇다면 당신의 가슴에 무엇인가 문제가 있는 것이다. 그 문제의 해답을 찾고 싶은가. 잠잠히 〈월든〉을 읽어보는 것도 좋은 방법 중의 하나이다.

하지만 소로처럼 살 수 없다고 느끼는 순간(물론, 절대로 당신은 그럴 수 없지만) 돈을 벌어야 한다. 다시 말하지만, 돈은 주조된 자유이기 때문이다. 당신이 암호화폐에 관심을 가져야 하는 이유는 그 어느 때보다 명확해진 것이다.

암호화폐는 '동방박사의 선물'이다
성경에서 마태복음을 읽다보면 예수의 탄생을 경배하기 위해 동방박사 세 사람이 방문하는 장면이 나온다. 그들이 별들의 인도를 받으며 베들레헴에 도착하여 세 가지 선물을 예수에게 바친다. 유황과 몰약, 그리고 황금이었다. 셋 다 그 당시는 물론, 지금도 아주 귀한 것이었다. 암호화폐도 이 세 선물에 견주해서 설명할 수 있다.

암호화폐 탄생의 배경 자체가 바로 IT 기술이기 때문이다. IT 기술의 첫 번째 선물은 일부 군이나 대기업에서만 가지고 있던 컴퓨터를 개인의 품으로 보낸 것이다. 개인용 컴퓨터, 즉 PC이다. 두 번째는 인터넷이다. 이 또한 정보를 일부에서만 활용하던 것을 모든 개인에게 돌려준 일대 혁명적인 사건이었다. 마지막은 무엇일까. 화폐를 개인에게 돌려주는 것이다. 블록체인 기술을 기반으로 한 암호화폐가 그 해답이 될 수 있다. 지금 빠르게 그 환경이 조성되고 있다. 암호화폐가 동방박사 선물의 마지막 부분을 잘 완성하리라 믿는다.

세 가지 선물은 모두 특정인에게 정보와 권력이 집중되어 있는 것을 일반 민중에게 돌려보내기 위한 시도였다, 그 마지막은 역시 화폐(돈)이다. 블록체인이라고 불리는 이 선물은 대부분 비트코인과 같은 화폐로 대표되지만 그 확장성은 무한하다. 비트코인만이 전부가 아니라는 말이다. 여기에는 엄청난 기술력이 포함되어 있다. 그 기술력으로 인류가 그동안 해결하지 못했던 개인이 더 자유롭고, 국가의 실패로부터 벗어날 수 있는 대안이 나오기를 바란다. 그 중심에는 화폐가 있음은 당연하다.

암호화폐, 그는 세상이
절대 감당할 수 없다?

재테크 수익률 최고봉인 암호화폐

작년 재테크 수익률만 놓고 따질 때 대박이 난 곳은 단연 암호화폐이다. 특히 비트코인과 이더리움 등은 연초 대비 약 2,000%이상 급등하면서 암호화폐 시장 확대에 지대한 공헌을 하였다. 1년 안에 2,000% 이상 급등이라는 숫자를 어떤 재테크가 이루어낼 수 있다는 말인가. 영화나 소설도 이쯤 되면 뻥(?)이 세다고 독자나 관람객들이 외면할지 모른다. 그런데 이게 팩트라는 것이다. 대한민국이라는 공간에서 현재 일어나고 있는 사실이라는 것이다.

암호화폐 시장은 재빠르게 비트코인과 이더리움 중심으로 질서가 잡히고 있다. 법정화폐 시장의 미국 달러화로 중심을 잡아가는 것처럼 가상화폐 시장에서도 비트코인이 중심통화 지위를 굳혀간다는 의미다. 처음부터 비트코인으로 출발했으니 당연한 일이다. 여기에 비트코인에서 갈라져 나온 이더리움도 그 성장세가 만만치 않다.

하지만 아직도 암호화폐를 외면하는 사람이 많다. 하나는 공식화되지 않아 피해가 발생할 경우 전적으로 투자자에게 돌아간다. 그렇다. 이것은 사실이다. 고수익이 보장되지만, 한순간에 날아갈 수 있는 고위험이 늘 상존하는 것이 비트코인 등과 같은 암호화폐 시장이다.

또 하나는 공급의 가격탄력성이 완전 비탄력적이어서 암호화폐 수요가 증가하면 가격이 급등하고, 반대의 경우 가격이 급락하여 '투자'라기보다는 '투기'라는 인식이 지배적이었다. 이것은 박미경의 노래제목처럼 '이유 같지 않은 이유'처럼 보인다. 무엇이 투자이고, 투기란 말인가. 학문적으로나 구분이 가능한 현실성 없는 이야기에 에너지를 소모하고 싶지는 않다.

중요한 것은 실제로 내 지갑에 돈이 들어와 있느냐는 것이다. 미국의 유명한 경제학자인 폴 새뮤얼슨(Paul Samuelson)도 이 세상이 복잡한 일 저편에는 경제문제가 도사리고 있다고 말했다. 결국 '돈'의 문제이다. 돈에 깨끗한 돈, 더러운 돈이 어디 있는가. 그렇다고 해서 마약 거래나 청부살인 같은 범죄행위를 저지르라는 말은 아니다.

다음은 어떤 일간지에 소개되어 있는 기사를 약간 수정한 것이다.

어느 평범한 직장인이 올해 3월에 암호화폐인 비트코인에 투자했다. 그가 비트코인을 사는 데 쓴 돈은 첫 투자금 3,000만원을 포함해 총 8,000만원이었다. 그런데 올해 들어, 특히 후반기에 비트코인 가격이 급등하면서 이 돈은 2억 정도로 불어났다. 8개월 정도 투자하여 1억2천을 벌었다는 말이다.

물론, 빛이 있으면 그림자가 있기 마련이다. 이른바 '비트코인 좀비'의 등장이다. 하루 종일 스마트폰을 들여다보고, 다른 일상적인 일을 소홀히 하는 현상이 일어난 것이다. 하기는 눈앞에 돈이 늘

왔다 갔다 하니 당연하다고 할 수 있을 것이다. '돈의 맛'은 한번 맛보면 중독되게 되어 있는 모양이다.

비트코인 가격을 확인하고 투자자 카페에서 최신 정보를 얻느라 회사 생활에 소홀해질 수밖에 없었다. 당연히 상사로부터 좋은 소리가 나올 리가 없다. 한 마디로 회사가 부업이 되었으니 그럴 바에는 사표를 쓰라고 했을 것이다. 당연한 귀결이다. 그나마 비트코인이라도 되니까 이런 수모(?)를 당하고 1억2천을 벌 수 있었던 것이다. 주식이 한참 붐이 일어나서 너도 나도 주식에 투자할 때는 돈도 잃고 직장도 잃은 사람들이 많았지 않은가. 그냥 하늘에서 떨어지는 '눈먼 돈'은 없다.

초반에는 채굴(마이닝 minig) 열풍이 불어서 채굴을 위한 그래픽카드(GPU) 등 하드웨어(HW) 가격이 폭등했으며, 가상화폐공개(ICO)를 둘러싼 다단계 사기도 빈번히 보고되기도 했다.

경제학에서 가격을 설명할 때, 기꺼이 지불하고 싶은(Willing to pay)이라는 개념을 사용한다. 그렇다. 돈을 벌기 위해서는 어떤 형태로든 기꺼이 지불 혹은 감당해야 할 희생이나 노력이 있어야 한다. 자유가 공짜가 아니듯이 공짜 점심은 절대 없기 때문이다.

작년에 블룸버그통신은 멋지게 한 방 날렸다. 한국에서 비트코인 열풍이 광범위하게 확산되면서 일종의 '그라운드 제로(핵폭탄 투하지점)'가 됐다고 전했다. 폭발 직전에 있다는 것이다. 정말 무시무시한 표현이다. 표현할 수 있는 단어 중에서 가장 센 것을 들이댄(?) 것이다. 이유는 분명하다. 그만큼 거대한 열풍처럼 투자바람이 불고 있는 것이다. 이러한 열풍으로 한국에서 비트코인은 최근 국제시세보다 최고 23% 프리미엄이 붙은 가격에 거래되고 있다고 한다. 뭐, 부정적인 기사만은 아니다. 사람이 많이 몰리는 곳에 그만큼 먹을 게 많이 있기 때문에 그 어떤 나라보다도 한국이 비트코인 시장이 좋다고 긍정적으로 해석할 수도 있다.

암호화폐 시장, 한국이 가장 뜨겁다

뉴욕타임스에는 이런 기사도 있었다. 전 세계에서 암호화폐 투자 열기가 한국보다 뜨거운 곳은 없다는 것이다. 한국 인구는 미국의 6분의 1에 불과하지만 비트코인 등 암호화폐의 원화 거래액은 달러 거래액보다 많다. 왜 이렇게 미국에서 한국의 비트코인 투자에 관심이 많을까. 미국이나 중국처럼 큰 나라가 아니라 조그마한(?) 나라에서 암호화폐 거래량이 높으니 곧 우리나라가 IT 강국이 되었듯이, 암호화폐관련 강국이 될지도 모른다는 불안감이 깔려 있지 않을까?

또 하나는 별다른 이유가 될 수도 없지만, 미국·중국 같은 곳에서 암호화폐 시장이 몇 년에 걸쳐 차근차근 성장한 것과 달리 한국 시장은 1년 전부터 급작스럽게 성장했다는 것이다. 식물도 서서히 성장하는 것이 있고 급격하게 성장하는 것이 있다. 급격하게 성장하는 것은 다 문제가 있다? 어림없는 소리이다. 한국 사람들은 한마디로 화끈해서(?) 확 달려드는 기질이 있기 때문에 시장이 빨리 성장한 것이다.

한국에서 유독 암호화폐 열풍이 강하게 부는 이유는 팩트이다. 그만큼 암호화폐로 돈을 벌었다는 사람이 늘고 있기 때문이다. '사촌이 논을 사면 배가 아프다'는 속담이 괜히 나온 것은 아니다. 특히 남의 일에 관심이 많은 한국 사람들. 남이 비트코인으로 돈을 벌었다는 데 가만히 있으라는 것은 죽으라는 말과 동일하지 않을까?

더군다나, 요즘처럼 돈을 굴릴 데가 마땅하지 않은 시기에 많은 돈을 벌 수 있다는데 '도덕군자처럼 가만히 있는 사람은 둘 중 하나이다. 용기가 없거나 혹은 지나치게 위선적이거나 이다. 아니면, 아예 세상에 관심이 없는 사람일 것이다.

지정학적·문화적 요소 때문이란 견해도 있다. 블룸버그는 북핵 리스크, 대통령 탄핵사태와 같은 정치적 혼란을 겪으면서 한국인들이 국내 투자 대신 한국의 영향을 받지 않는 자산을 선호하다 보니 비트코인에 몰렸다는 분석이다. 타당한 분석이다. 비트코인 투자의 매력 중의 하나가 분산투자이니 한국인이 참 현명한 것이다.

한국은 과거부터 주식 연계 파생상품 선호도가 높았고, 2011년 정부가 시장을 규제하기 전까지 세계에서 주식 파생상품 거래가 가장 활발했다. 그렇다. 한국인은 돈을 좋아한다. 어디 한국 사람만 돈을 좋아하는가. 다 돈을 좋아한다. 그런데 한국 사람은 부지런하고 활동적이다. 그래서 돈이 되는 곳은 '떼거리'로 몰려다닌다. 신분이나 체면 따위는 과감히 던져 버린다. 그게 큰 단점은 아니지 않은가. 프로답다고 칭찬할 일인지도 모른다.

암호화폐는 투기수단이 아니다

정부는 금융위원회를 중심으로 태스크포스(TF)를 구성하고, 2017년 9월 암호화폐 규제안을 발표하였다. 이후 2017년 11월 29일 암호화폐 규제안 추가내용을 공개했으며, 12월 28일 국무조정실 주도의 TF를 통해서 암호화폐 추가 규제안이 발표되었다. 기본적인 규제안은 1) 암호화폐 유사수신 행위 단속 2) 미성년자 및 외국인 거래 금지 3) 암호화폐를 통한 자금모집(ICO) 금지 4) 암호화폐 본인 확인 시스템 구축 4) 개인정보 보안 강화(ISMS) 등 소비자 보호 측면에 집중되었다.

추가로 기획재정부 주도로 암호화폐 과세(양도세, 소득세)방안을 연구 중이며, 법무부는 특별법을 통해서라도 암호화폐 거래 및 거래소를 폐쇄해야 한다고 주장하는 등 정부 내 의견은 일치되지 않은 모습을 보여주었다.

4차 산업혁명 시대의 핵심 기술가치인 '블록체인'을 기반으로 한 암호화폐를 투기 수단으로 규정하고 규제 일변도로 흐르는 움직임은 어찌 보면 도도히 흐르고 있는 강물을 부정하는 '어리석은' 생각일 수도 있다. 그게 아니라면, 지렁이를 몽둥이로 두드리다가 뱀이 되지 않을까 하는 소심한(?) 생각일지도 모른다. 어떻든 정부가 현명하게 대처할 것이라고 기대해본다.

전문 투자자뿐 아니라 주부부터 초등학생까지 너도나도 암호화폐 투자에 뛰어들면서 가격이 급락할 경우 피해 규모가 천문학적으로 커질 수 있다는 게 정부의 판단이다. 하지만 일각에서는 암호화폐 거래 규모가 커지면서 정부 규제가 필요하긴 하지만, 지나치게 강한 규제를 들이댈 경우 투자자들이 오히려 더 큰 피해를 입을 수 있다는 우려도 나온다.

암호화폐 거래가 전면 금지된 중국 등에서 한국으로 비트코인을 보낸 뒤 위안화로 찾는 환치기 등 불법 행위가 늘어나는 것도 정부가 시장에 개입하려는 한 이유일지도 모른다. 정부는 비트코인 등 암호화폐를 통한 환치기에 문제점이 있는 것으로 파악하고 거래 구조 등에 대한 분석에 착수했다고 한다. 그렇다. 착수했다는 것이다. 일반적인 환치기처럼 암호화폐를 통한 환치기도 외환거래법 위반으로 처벌 가능성이 높다는 의견이 많다.

국내 거래를 전면 금지한다고 해서 문제가 해결되는 것은 아니다. 투자자들은 국내 거래가 전면 금지될 경우 해외 거래소를 이용한 가상화폐 투자로 방향을 돌릴 것이다. 국내 거래소에 있는 암호화폐를 해외 거래소로 송금한 뒤 환전하는 방식을 쓸 것이다. 미국이나 일본 등에 암호화폐를 보낸 뒤 환전해 현금화하는 방식이 피해를 줄일 수 있기 때문이다. 하지만 국내 거래소 가격이 해외 거래소보다 10~15% 높기 때문에 투자자 피해는 피할 수 없을 것이다. 손해여부를 떠나서 이 방법도 전혀 문제가 없는 것은 아니다. 해외에서 국내로 외환을 보내려고 해도 규모에 따라 각국의 외환

거래법을 위반할 가능성이 있기 때문이다.

세계에서도 난리다

글로벌 암호화폐 통계 사이트인 코인마켓캡에 따르면 글로벌 암호화폐 시장 규모는 2017년 1월 1일 기준 1,773억 달러(한화 약 190조)에서 2017년 12월 21일 6,484억 달러(한화 약 694조)로 3.7배 정도 증가했다. 여기에는 암호화폐의 기축통화인 비트코인의 성장이 주도적인 역할을 하였다.

2017년 1월 1일 962달러(103만원)에 불과했던 비트코인은 2017년 12월 17일 19,300달러(2,065만원)을 달성하였다. 연초 대비 20배 이상 급등한 것이다. 이더리움도 비슷한 추세를 보였다. 2017년 1월 1일 8.34달러(8,900원)에 불과했던 이더리움은 2017년 12월 19일에 845달러(904,000원)를 돌파했다. 101배 이상 증가한 것이다.

이처럼 암호화폐 가격 폭등, ICO 규모가 2017년 35억 달러에 달하는 등 급성장세를 보이자, 세계 각국은 대책 마련에 속속 나서고 있다. 미국은 2017년 12월 11일에 시카고옵션선물거래소(CBOE), 18일에는 시카고선물거래소(CME) 등에서 비트코인 선물 상품을 출시하면서 암호화폐를 투자 자산 중 하나로 공식적으로 인정했다.

중국은 미국과 반대로 움직였다. 2017년 9월에 가이드라인을 통해서 중국 내 암호화폐 거래 중단과 함께 ICO를 전면 금지했다. 또한 위안화를 취급하던 암호화폐 거래소 역시 폐쇄 조치하였다.

일본은 2017년 9월 재무부와 금융서비스국(FSA) 주도로 암호화폐 거래소 등록제를 시행중이다. 일본에서는 암호화폐 거래소를 운영하기 위해서는 FSA 등록 후에 라이선스를 받아야만 가능하다.

캐나다는 연방 증권 감독 기관인 '캐나다 증권 관리자(CSA)' 주도로 암호화폐 거래 및 활용을 위한 가이드라인 '암호화폐 오퍼링(Cryptocurrency Offerings)'을 2017년 8월부터 제공하고 있다.

암호화폐를 바라보는 시각은 아직 한 방향으로 가고 있지는 않은 듯하다. 하지만 투자자의 광풍을 사로잡는다는 명분하에 ICO, 선물거래를 무조건 금지시키는 것은 바람직하지 않아 보인다. 필요한 부분은 제도권 내로 끌어들여 정면 대응하면 좋지 않을까. 암호화폐 광풍의 한가운데 한국이 있고 국내 코인 가격은 외국에 비해 27~30% 가량 높은 날이 많다(이를 김치 프리미엄이라고 부른다)는 팩트를 무시해서는 안 된다. 알게 모르게 한국은 비트코인의 한복판에 서 있기 때문이다. 최소한 100만 명의 국민이 거래하고 거래소는 매달 1,000억원 이상을 자의적 수수료로 벌어가는데 정부는 전영록의 노래처럼 '아직도 어두운 밤'인 것이다. 그들에게 새벽은 언제 오는가. 궁금하기만 하다.

국회의원들도 암호화폐 관련법을 만들자고 하면 혹 인기를 잃을까봐 소극적이라고 한다. 역시 정치인이다. 정치인이 무엇인가. 옳은 말을 끝까지 안 하는 게 정치인이다. 정치인이 되려면 우선 눈치를 잘 봐야 한다. 이게 내가 꼽는 정치인의 제1 덕목이다. 자연히 그런 정치인 밑에 있는 국민은 죽어날 수밖에 없다.

이런 현상을 다음과 같이 비유한 사람도 있다.

- 플라톤의 국가론에 비유하면 민가에 이리떼는 창궐하는데 사냥개(국가 파수꾼)들은 모두 잠들거나 도망쳐버린 형국이다.

그렇다. 강물은 바다로 흘러가게 되어 있다. 시간이 걸리고 다소 돌아가기는 하겠지만. 암호화폐도 마찬가지일 것이다. 결론은 미리 난 것인지도 모른다.

암호화폐를 사도세자처럼 죽이지는 않겠지?

암호화폐와 관련한 기사를 볼 때마다 이상하게 사도세자가 떠오른다. 사도세자는 조선 제21대 국왕인 영조의 두 번째 왕자로 이름은 이선(李愃)이다. 영조는 조선왕조의 왕 중에서 가장 오래 살았고, 가장 오래 재위한 왕이다. 영조의 큰아들 효장 세자는 일찍 죽었고, 영조가 41살 되던 해에 사도세자가 태어났다.

사도세자는 무인적 기질이 좀 더 강했고, 자연히 학문과는 조금씩 멀어지게 되었다. 그러면서 아버지는 아들을 꾸짖었고, 아들은 아버지를 꺼리게 되었다. 부자의 사이는 세자가 대리청정으로 정무에 직접 관여하면서 더욱 멀어졌다. 세자가 14세 때인 영조 25년(1749)에 시작된 대리청정은 영조와 사도세자의 관계에서 중요한 첫 번째 변곡점이었다.

기본적으로 대리청정은 훈련을 목적으로 한 우호적 기회였다. 영조도 정무와 거리가 있는 세자의 기질을 사전의 훈련으로 조정하려는 의도로 대리청정을 도입했다. 하지만, 일련의 과정은 순조롭지 않았다. 아버지는 아들의 정무적 능력과 수신(修身)에 더욱 불만을 갖게 되었다. 그런 불만은 양위(讓位: 임금의 자리를 물려줌) 파동을 계기로 집약되어 폭발했다.

양위 파동은 소모적인 행위다. 국왕이 실제로 그럴 의사가 전혀 없음을 뻔히 알면서도 세자와 신하들은 혼신의 힘을 다해 양위를 만류해야 했고, 국왕은 의사를 관철하겠다고 고집한다. 이런 실랑이를 몇 차례씩 거친 뒤에야 어명은 마지못해 거둬진다. 그 과정에서 충성은 검증되고 불충은 적발되며, 왕권은 공고해지고 이런저런 정치적 전환이 이뤄진다. 적지 않은 선왕들처럼 영조도 신하들을 제압하거나 정국을 전환하는 방법의 하나로 양위 파동을 사용했다.

사도세자는 양위 파동 때마다 긴장하고 두려워하면서 철회를 애원했다. 대리청정이 시작된 뒤에도 세 번의 양위 파동이 나타났다. 이런 과정을 겪으면서 세자는 부왕을 극도로 두려워하는 정신적 질환에 걸린 것으로 판단된다. 그때 질환이 표면에 드러났으니, 그 원인과 징후는 몇 년 전부터 시작되었을 것이다.

사도세자의 정치적 성향은 소론에 가까운 것으로 평가된다. 이 때문에 사도세자가 뒤주 속에서 죽은 임오화변의 원인을 노론과 소론의 당쟁에서 찾는 견해가 유력하게 제시되기도 한다. 세자가 소론에 가까운 정치적 성향을 가졌다는 판단의 중요한 근거는 1755년(영조 31) 2월에 발생한 나주 벽서 사건이다. 이때 세자는 대리청정을 하고 있었다. 이 사건에서 세자는 소론을 옹호하는 태도를 강하게 나타냈다. 이런 과정을 통해서 노론은 세자에게 큰 불만을 갖게 되었을 것이다. 왕실의 가장 비참한 사건 중 하나일 임오화변은 영조 38년(1762) 윤 5월 13일에 일어났다. 그 직접적인 계기는 20여 일 전에 제기된 나경언의 고변이었다.

역사는 승자의 기록이라고 한다. 우리가 알고 있는 역사의 공정성을 의심할 수 있다는 말이다. 실제로 역사의 어떤 부분에는 승자의 기록으로서의 역사학이 횡행했다. 그 와중에서 진실은커녕 사실마저도 왜곡되어 전해지기 일쑤였다. 지금으로부터 240여 년 전인 영조 38년(1762) 윤 5월 21일, 뒤주 속에서 죽은 사도세자의 삶도 마찬가지였다. 실록에는 '뒤주'라는 말은 나오지 않고 '안에다 엄중히 가두었다(自內嚴囚)'고만 기록되어 있다. '뒤주'라는 표현은 〈한중록〉에 나오는 것이며, 그 뒤의 〈정조실록〉에는 '한 물건(一物)'이라고 되어 있다.

5월 13일 뒤주에 갇혔으니 좁은 뒤주 속에서 무려 여드레 동안이나 물 한 모금 마시지 못한 채 신음하다 죽어간 것이다. 뒤주에 갇히기 직전 사도세자는 뒤주의 모서리를 잡고 "아버님, 살려주옵소서!"라고 빌었다. 그러나 뒤주 속에 갇혀 신음하던 여드레 동안 "세자를 살려주옵소서"라고 영조에게 빈 조정대신은 아무도 없었다. 세손(정조)만이 아버지 사도세자를 살려달라고 관과 도포를 벗고 빌었을 뿐이다.

사도세자가 죽은 지 240여 년이 흘렀지만, '승자의 기록'으로만 전해 오던 정신병자의 사도세자가 아닌 성군(聖君)의 자질을 지녔지만 정치적인 희생양이 되어야 했던 사도세자의 모습이 조금이라도 밝혀지기를 원한다.

같은 맥락에서 정부가 암호화폐를 올바르게 바라보기를 바란다. 괜히 정치적인 국면전환이나 장권 연장 차원에서 암호화폐를 이용하거나, 특정 집단(은행이나 대기업 등)의 이익을 위해서 신 성장 동력이 되어 산업사회구조를 개편할 수 있는 가능성이 높은 암호화폐를 사도세자처럼 국가를 해하는 위험한 물건(?)으로 보지 않기를 바란다.

또한 국가에서 개입하느니 마느니 하면서 시장에 불필요한 신호를 보내서는 안 된다. 영조의 양위 파동에 사도세자가 멍든 것처럼 정부의 일관성 없는 대책은 피해자를 양산할 뿐이다. 더 중요한 사실은 사도세자는 뒤주에 갇혀 죽었는지 모르지만, 암호화폐는 뒤주에 가두어도 살아남기 때문이다.

암호화폐, 공식화될까?

비트코인 거래는 40조원 규모이다

한국은 비트코인을 포함하여 암호화폐 거래비중이 통상 10%를 차지한다고 한다. 물론 정확한 집계가 이루어지고 있지 않으니 추정만 가능할 뿐이다. 전 세계 암호화폐 시가총액이 400조 원가량 된다고 가정한다면 한국인들은 40조 원어치를 보유하고 있는 셈이 되는 것이다.

어떤 사람은 아주 불편한 상상을 한다. 만약 미국이 연준 자체적으로 코인을 만들 테니 비트코인은 유통불허 명령을 내린다는 극단적 가정을 하면 40조 원은 단번에 물거품이 될 수 있다는 것이다. 40조 원은 한국의 GDP가 연 3% 성장해서 어렵게 번 돈의 수치와 같은 크기다. 이런 초대형 사고가 터지면 한국은 금융위기 때보다 더 큰 재앙을 당하게 된다는 것이다.

정말 있을 수 없는 소설과 같은 이야기이다. 비트코인은 이제 어떤 정부도 제어할 수 없는 공룡이 되어 버렸다. 이제부터는 공룡과 함께 공존할 방법을 찾거나 공룡을 잘 이용하여 인간사회를 이롭게 하는, 정말 단군이 말하는 비트코인과 더불어 홍익인간의 세계를 꿈꾸는 것이 좋지 않을까.

암호화폐와 관련한 부정적인 정보는 여기서 그치지 않는다. 1BTC(비트코인의 단위)가 1만 달러를 돌파하자 노벨 경제학상 출신 조지프 스티글리츠, 장 티롤 교수는 암호화폐 내재가치는 제로라고 하면서 언제든지 공중분해 될 수 있다고 경고했다. 이것이 이른바, 제도권에 있는 사람들의 시각이다.

하지만 이조차도 고도의 전략인지도 모른다. 사람들에게 부정적인 경고를 준 다음에, 가격이 하락하면 일제히 매수를 하려는 지능적인 플레이일지도 모르지 않은가. 암호화폐는 며느리도 모른다는 자세로 오직 자신을 믿고 하는 수밖에 없다. 물은 한번 흐르면 바다로 갈 수밖에 없다. 암호화폐도 마찬가지다. 이미 강물이 되어 버렸다. 바다로 가는 수밖에는 없는 것이다. 톨스토이 말처럼 늦었다고 생각할 때가 가장 빠른 법이니, 지금이라도 관심을 가지고 투자해야 한다.

세계 각국에서도 암호화폐가 연일 이슈가 된다. 미국도 마찬가지다. 미 국세청(IRS)은 얼마 전 미국 암호화폐 거래소 1, 2위인 코인베이스(Coinbase), 제미니(jemini)에 거래내역 제출을 명령했다 말을 안 들으니 행정소송을 걸어 이겨서 자료를 받아냈다. 일본은 암호화폐 거래소를 11곳에 한해 인가했다.

유시민도 실체(?)가 없다고 했다

이게 무엇을 의미하겠는가. 암호화폐가 더 이상 피라미가 아니라는 말이다. 한 마디로 꽉 밟아서 사라지기에는 너무 커 버렸다는 말이다. 당연히 국가가 개입할 수밖에 없고, 국가가 개입을 한다면 정식으로 투자대상이 될 수밖에 없지 않은가.

한국은 거래소 1위인 '빗썸'이 매달 200억 원 이상을 벌고 코비, 코인원 등도 큰돈을 번다는 소문이 퍼지자 코인거래소 설립이 문재인정부에서 가장 뜨거운 신(新)산업이 됐다. 중국, 일본 자본이

들어와서 거래소가 난립하고 KT 같은 대기업이 진출하느라 아우성이다. 누구나 4만5000원만 내고 구청에 사업등록을 하면 암호화폐 취급업소가 된다. 그렇다. 통신 판매업이라고 한다. 금융산업이 아니라. 돈이 오가는데 이런 허술한 구조가 어디 있는가. 하루 빨리 개선되어야 한다.

우리나라 굴지의 지식 소매상인 유시민도 '썰전'이라는 프로그램에서 암호화폐를 실체가 없다고 했다고 한다. 이건 좀 지나치다. 평소에 유시민을 존경㉠해 왔던 필자로서는 난감할 수밖에 없었다. 우마차 시대에 자동차를 보고 저건 차가 아니다라고 말하는 것과 같은 논리이다. 자동차를 우선 연구하고 차가 아닌지를 판단해야 하지 않을까.

어쩌면 '보이지 않는 의도'가 있는지는 모르나, 경제 전문가들의 시각은 대체적으로 부정적이다. 아마도, 자신이 잘 모르는 분야가 나오니 공부할 거리가 생겨서 귀찮은 걸까. 아무튼 그들의 의견을 종합해보면 이렇다.

- 암호화폐의 급등세는 위험하다. 더군다나 한국의 높은 거래비중은 그중에서 가장 위험한 폭탄 돌리기다. 거래대금을 한국의 경제력 규모에 맞게 지금의 10분의 1 정도로 축소할 장치 마련은 왜 나오지 않는가. 가계부채 대책이나 과거 선물거래 증거금 규모 확대조치 등 베팅을 제한한 것처럼 하면 되지 않겠는가.

암호화폐의 이치도 모르는 미성년자 거래도 금지시켜야 한다. 본인확인 절차를 까다롭게 해야 한다는 것이다. 즉, KYC(Know-Your-

Customer Rule)룰을 적용해야 한다는 목소리가 높다. KYC는 금융투자상품 판매자가 상품을 판매하기에 앞서 투자자성향을 파악하는 것을 말한다. 즉, 고객의 자산 규모나 과거 투자행태 등 기초적인 정보를 취득해 투자자 성향을 파악하는 것이다. 이런 방식은 '묻지마 투자'를 금지하는 것은 좋으나, 지금의 제도권 금융에서 소외된 사람은 암호화폐 시장에서 한 번 더 소외당하는 꼴이 되어서 결코 바람직하지 않다고 생각한다.

미국에선 연봉 20만 달러 이하는 ICO에 참여하지 못하게 한다는 예를 들면서 우리나라도 이와 같은 제도 마련이 시급하다고 한다. 또한 거래소도 자격요건을 정해야 한다고 한다. 필요하면 중국 자금 러시에 대한 감시도 하고, 경우에 따라서는 규제 장치도 갖추어야 한다고 말한다.

이런 상황을 지켜보고 있으려니 딱 어울리는 말이 있다. 홍상수 감독의 영화제목을 패러디하면 '어떤 것은 맞고, 어떤 것은 틀리다'. 제발 유시화의 시처럼 '지금 알고 있는 것을 그때도 알았더라면'이라고 하면서 때늦은 후회를 하는 정부가 아니기를 바란다. 또한 일부 전문가라고 자칭하는 사람들이 자신들의 편협한 생각이 객관적이고 진실이라고 믿기보다는 다른 시각도 있음을 인정하고 대승적인 차원에서 접근하기를 바란다.

암호화폐 버블이 튤립 버블보다 더 크다?

암호화폐의 명칭은 여러 개다. 암호, 가상(사이버), 디지털 등이 그것이다. 영문명으로는 crypto-currency이다. virtual currency라고도 한다. 정부가 사용하는 가상통화라는 말도 많이 사용된다. 하지만 암호를 사용하는 화폐이니 암호화폐가 가장 적절한 말이 아닌가 생각이 든다.

암호화폐를 생각할 때, 가장 먼저 떠오르는 것이 버블이다. 일시적인 광풍으로 언제 터질지 모르는 폭탄이라는 것이다. 게다가 네덜란드 튤립, 영국의 남해주식, 미국 미시시피 버블 등이 있었지만 그 나라 내부에서만 있었지 암호화폐처럼 전 지구적 투기는 아니었다는 시각이다. 버블 시기도 몇 달 혹은 2~3년 지나 그냥 꺼졌지만 이번 암호화폐 투기는 벌써 9년째이다. 시장 규모도 비트코인만 300조원으로 치닫는 어마어마한 규모다. 그만큼 위험하다는 경고가 많은 사람에게서 나오고 있다. 이 사람들의 보수적(?)인 논리는 이렇다. 다분히 경제학 원론에서나 나오는 말이다.

-모든 국가의 화폐는 중앙은행이 가치를 지키고 실물경제를 뒷받침하는 혈액으로 존재한다. 그것이 피셔의 화폐방정식 MV=PT로 나타난다. 단순화하면 통화량(M)은 국민소득(Y)의 거울이 되는 것이다. 암호화폐는 근거가 되는 실물이 없다. 즉 가치의 기준은 텅빈 허공이다. 그런데 가격은 2009년 5월 1비트코인=0.9원에 불과했으므로 2,000만 배나 올랐다. 창세기 이래 최고의 버블이다.

하지만 여기에는 중대한 오류가 있다. 지금 우리가 사용하는 통화도 실은 실체가 없는 예금통화가 대부분을 차지한다. 아니, 개인의 예금을 모두 지폐나 동전으로 정확하게 맞추어서 보관하고 있는 은행은 없지 않은가. 지급준비율이라고 해서 부분적으로 얼마 동안만 은행에서 보관하고, 나머지는 중앙은행에서 보증하는 제도이지 않은가. 거기에 무슨 실체가 있다는 말인가.

JP모건의 경영자 제이미 다이먼은 '그것은 사기(fraud)'라고 말한다. 비트코인의 실제 기능은 자금세탁, IS 등 테러집단의 범죄대금 송금, 그리고 투기를 위한 투기만 하고 있다고 말한다. 이는 실크로드 암시장을 만든 로스 윌리엄 울브리히트가 기소된 것이 어느 정도 원인을 제공했다. 실크로드 암시장은 불법 마약, 아동 포르노, 불법 무기를 비트코인 블록체인을 통해 거래했다는 이유로 FBI에 압류된 바 있다.

조지프 스티글리츠는 '그 어떤 기능도 사회에 쓸모가 없다. 당장 폐지하라'고 주장한다. 역시 2014년 노벨 경제학상 수상자인 장 티롤 교수는 FT 칼럼에서 '비트코인은 지속 가능한 현상인가?'라는 질문에 '절대 아니다'고 확언했다. 스티븐 로치 같은 금융의 대가조차 '상상이 만들어낸 거품'이라 말한다. 그러면서 진지하게 정말 조심해야 한다고 덧붙인다.

정말 그럴까. 인류의 발전은 늘 보수와 진보로 나뉘어 치열한 논리 싸움을 하면서 오늘에 이르렀다. 보수적인 시각이 틀리다는 말은 아니다. 문제는 그들이 말만 한다는 것이다. 만약 암호화폐가 정작 건전한 투자 대상이었다는 것이 증명된다면, 그들의 변명은 어떨까. 그때는 그랬다는 것 정도이다. 또한 그렇게 견고한 시스템을 자랑하는 국가 통화정책이 왜 매번 망설을 일으켜서 금융공황이나 패닉이 발생하는 것인지도 설명을 해야 할 것이다. 그렇게 똑똑한(?) 사람들이 모여 있고 견고한 시스템을 갖추고 있는 국가의 경제정책이 매번 국민을 절망에 빠뜨리는 것은 그들이 예측을 잘하고 분석을 잘해서 그런 것이겠지 하고 믿고 싶을 뿐이다.

모든 판단은 개인이 하는 것이다. 왜 구글이나 마이크로소프트 같은 IT 기업들이 암호화폐에 관심을 가질까. 그 이유도 같이 생각해 봐야 한다.

암호화폐, 통화정책을 바꾸다

암호화폐가 확산됨에 따라 통화정책 여건도 급변하고 있다. 가장 큰 문제는 종전의 이론과 관행이 적용되지 않는 경우가 발생함에 따라 통화정책의 유효성이 떨어지고 있는 점이다. 각국 중앙은행은 이런 사태의 심각성을 인식해 '비트코인 확산'이라는 새로운 환경 속에 통화정책의 유효성을 확보하는 방안을 놓고 고심 중이다. 통화정책의 유효성과 관련해 논란이 되는 대목은 대체로 다음과 같다.

첫째, 본원통화의 대체 문제다. 갈수록 본원통화의 상당 부분을 암호화폐가 대체해 나갈 가능성이 크기 때문에 중앙은행 입장에서 보면 본원통화 축소에 따른 화폐발행차익(seigniorage) 감소로

재정 의존도를 심화시켜 독립성이 훼손된다. 다른 말로 표현하면, 100원 짜리 동전을 만들 때 30원만 들어가는 주조차익을 이용했는데, 70원이 사라졌으니 어디에서 70원을 메워야 할지 고민해야 한다는 것이다.

둘째, 중앙은행의 금리 조절 능력에 다른 변수가 생기기 시작했다는 것이다. 중앙은행의 주요한 기능은 화폐를 발행하는 것이다. 그런데 중앙은행 이외 다른 주체가 화폐를 발행하고 그 화폐가 통화로서의 기능을 한다면, 현금 보유 성향 저하로 중앙은행의 금리 조절 능력이 약화된다. 최악의 경우 현금통화와 결제성 예금까지 대체하는 단계까지 발전하면 중앙은행의 금리조절 능력은 무력화된다. 중앙은행이 필요 없게 된다는 말이다. 재미있는 것은 암호화폐가 지향하는 궁극점이 바로 이것이다.

셋째, 암호화폐의 발달로 통화승수와 통화유통 속도가 커질 것이다. 통화량은 본원통화와 통화승수에 의해 결정된다. 또 통화승수는 현금보유 비율과 지급준비율에 따라 좌우된다. 암호화폐가 현금통화를 대체하면 당연히 통화승수는 커지게 된다. 그만큼 경제가 활력을 찾는다는 말이다. 통화승수가 커진다는 것은 그만큼 경제 시스템에 많은 돈이 돌고 있다고 볼 수 있기 때문이다. 국민의 입장에서 보면 별로 문제가 될 게 없는데, 이것을 조절해야 할 정부의 입장에서는 골치가 아플 것이다.

넷째, 통화정책의 전달경로에도 영향을 미친다. 전통적인 통화정책은 통화공급 조절→금리 변화→총수요 증감→성장률과 물가상승률 조절이었다. 그런데 암호화폐의 발달로 경제주체가 금리 변화에 덜 민감해져 통화정책 효과가 떨어지는 점이 가장 우려된다. '현금의 저주(cash's curse)' 단계까지 이르러 모든 사람이 현금을 가지고 다니지 않는다면, 통화정책 전달경로는 무력화된다.

그렇다면 어찌해야 하는가. 중앙은행의 입장에서는 독립성 강화가 필요할 것이다. 암호화폐의 발달에 따라 우려되는 통화정책의 유효성을 확보하기 위해서는 새로운 정책수단을 개발하는 데 밤낮을 가리지 말아야 한다. 그냥 편하게 암호화폐라는 존재를 지워버리고 매너리즘에 빠져 관행대로 통화정책을 추진했다가는 효과는 고사하고 독립성에 손상을 받으면서 '중앙은행 축소론'에 힘이 실릴 가능성이 높다. 아니다. 어느 순간에 '짠'하고 나타났던 것처럼 '바람과 함께' 사라질 수도 있다.

프레임Frame에 갇히면 프리덤Freedom을 잃는다

2017년 6월 7일 김훈의 장편소설 〈남한산성〉이 100쇄 기념으로 아트 에디션을 내놓았다. 그 책에서 김훈은 이렇게 말했다.

옛터가 먼 병자년의 겨울을 흔들어 깨워, 나는 세계악에 짓밟히는 내 약소한 조국의 운명 앞에 무참하였다. 그 갇힌 성 안에서는 삶과 죽음, 절망과 희망이 한 덩어리로 엉켜 있었고, 치욕과 자존은 다르지 않았다. 말로써 정의를 다툴 수 없고, 글로써 세상을 읽을 수 없으며, 살아 있는 동안의 몸으로써 돌이킬 수 없는 시간들을 다 받아 내지 못할진대, 땅위로 뻗은 길을 걸어갈 수밖에 없으리. 신생의 길은 죽음으로 뻗어 있었다. 임금은 서문으로 나와서 삼전도에서 투항했다. 길은 땅 위로 뻗어 있으므로 나는 삼전도로 가는 임금의 길을 연민하지 않는다. 밖으로 싸우기보다 안에서 싸우기가 더욱 모질어서 글 읽는 자들은 성 안에서 싸우고 또 싸웠고, 말들이 창궐해서 주린 성에 넘쳤다.

김훈의 장편소설 〈남한산성〉은 1636년 12월 14일부터 1637년 2월 2일까지 남한산성 행궁에 갇혀서 청과 대치했던 그 순간을 작자 미상의 산성일기 등을 토대로 소설로 구성한 것이다. 극도의 단문을 추구하는 김훈의 글에 대한 맛이 잘 드러나 있는 소설 중의 하나이다. 〈칼의 노래〉로 이순신을 다루었던 김훈이 〈남한산성〉으로 인조를 다루었다. 아니, 어느 특정한 인물을 다룬 것이 아니다. 세계정세에 눈이 어둡고, 오직 자신들의 프레임에 갇혀 백성의 자유는 물론, 스스로의 자유도 잃어버린 비극적인 상황을 다룬 것이다.

토론의 문화가 부재한 그때, 오직 성리학적 명문과 주장의 선명성만이 최고로 치던 그 시대의 프레임. 견고하다 못해 차라리 위험했던 그 프레임을 깰 수 있는 것은 오직 하나. 임금의 굴욕적인 항복밖에는 없었던 것이다. 누가 옳고 누가 그르냐의 문제는 아니다. 그토록 선명하게, 밤을 대낮처럼 밝히면서 엄동설한에 굶주림과

싸우면서도, 거기다가 성 밖에는 청나라가 있는 그런 상황 속에서도 자신의 주장만이 옳다고 내세우는 사람들은 과연 스스로에게 책임을 질 수 있느냐의 문제이다. 말의 성찬 뒤에는 고통 받는 자들은 발언의 기회조차 없었던 백성들이 아닌가.

이를 병자호란이라고 한다. 병자년에 일어났기 때문이다. 그전에, 후금이 청나라를 세우기 전에 있었던 정묘호란이 있었다. 정묘호란이 1627년에 일어났고, 병자호란이 1636년에 일어났으니 불과 10년이 채 안 되어서 두 번의 전쟁이 일어난 셈이다. 특히 병자호란은 한 달 남짓한 짧은 전쟁 기간이었으나 그 피해는 임진왜란에 버금가는 것이요, 조선으로서는 일찍이 당해보지 못한 일대 굴욕이었다.

이로써 조선은 명과의 관계를 완전히 끊고 청나라에 복속하게 되었다. 이와 같은 관계는 1895년 청일전쟁에서 청나라가 일본에 패할 때까지 계속되었다. 전후에 처리해야 될 심각한 문제는 청군에게 강제 납치된 수만 혹은 50만에 가까운 조선인의 속환 문제였다. 특히 청군도 납치한 남녀노소의 양민을 전리품으로 보고 속가(포로를 풀어주는 대가로 내는 돈)를 많이 받을 수 있는 종실과 양반의 부녀를 되도록 많이 잡아가려 했다.

그러나 대부분 잡혀간 사람들은 속가도 마련할 수 없는 가난한 사람들이었다. 속가는 싼 경우 1인당 25 내지 30냥이나, 대개의 경우 150 내지 250냥이었고, 신분에 따라 비싼 것은 1,500냥에 이르렀다. 여기에 순절하지 못하고 살아서 돌아온 것은 조상에게 죄를 짓게 된다고 해 속환 사녀(士女)의 이혼 문제가 정치·사회 문제로 대두되기도 했다. 이를 환향녀(還鄕女)라고 불렀다. 고향으로 돌아온 여자라는 뜻이다. 환향녀는 사회문제가 되었다. 그들에게 책임을 물었던 것이다. 그러자 그들은 나라가 위란에 처해서 백성들이 방어할 힘이 없어서 청나라에 끌려가서 그렇게 된 것이라 항변하였다. 그리하여 인조는 홍제천에 들어갔다 나오면 죄를 묻지 말라는 조서를 내리기도 한다.

남한산성의 비극은 인조반정으로 거슬러 올라간다. 광해군을 몰아내고 왕위에 오른 인조는 광해군 시대의 모든 정책을 반대, 시정하는 것이었다. 외교도 친명반청(親明反淸) 일변도로 급변했는데, 근본사상은 유교의 대의명분을 지키고 임진왜란 때 구원병을 파견해 준 명나라를 배반하고 청나라와 통교할 수 없다는 명분이었다. 그 명분은 인조가 청 황제에게 삼전도에서 세 번 절하고 머리를 아홉 번 조아리는 삼배구고두(三拜九叩頭)의 의식으로 마무리되었다.

암호화폐도 엄연한 현실이다. 인조처럼 프레임에 갇히다보면 프리덤을 잃을 수 있다. 정부나 거래소, 개인 모두 열린 사고로 모두가 공존하는 해법을 찾아야 한다. 말만 왔다 갔다 하는 동안에, 성안에서는 백성들만 굶주려 죽기 때문이다. 오늘도 누군가는 암호화폐로 그동안 모은 전 재산을 잃을 수도 있다. 유빗이라는 거래소가 파산을 하는 바람에 그곳에서 암호화폐를 거래했던 사람들이 피해를 입었다고 한다. 그러게 누가 그 위험한 것을 하랬어? 네 돈이니까 네가 책임져 라고 말한다면, 그게 인조와 다를 게 무어란 말인가.

어쨌든 암호화폐를 바라보는 정부의 시각이 인조처럼 미래를 내다보지 않고 앞에 닥친 위험이나 혼란을 회피하거나, 어떤 명분 때문에 실리를 잃는 어리석은(?) 행동을 하지 않았으면 하는 바람이다. 어쨌든 정부에 세금을 내고 있는 사람들이 투자를 하고 있고, 그 사람들 때문에 국가가 운영되고 있음은 부정할 수 없지 않은가.

제재가 아니고 거래 자체를 금지했던 중국은 장외시장과 개인 간 거래가 가능한 C2C(consumer-to-consumer: 인터넷을 통한 소비자 직거래)시장이 활성화되고, 한국과 일본으로 자본이 빠져나갔다. 또, 암호화폐에 부가세를 부과했던 독일, 호주, 영국은 투자자들이 해외로 빠져나가자 시장 친화적으로 선회하였다. 미국과 일본은 이미 암호화폐를 받아들이고 양성화하는 정책을 내놓고 있다. 미국과 일본 정부가 무능하고 어리석어서 그럴까?

영국의 경제학자이자 도덕철학자인 애덤 스미스(Adam Smith)의 저서 〈국부의 성격 및 원인에 대한 연구(An Inquiry into the Nature and Causes of the Wealth of Nations)〉가 있다. 일반적으로 〈국부론〉으로 지칭된다. 그는 여기에서 개인이 오직 자신만의 이익(사익)을 위해 경쟁하는 과정에서 누가 의도하거나 계획하지 않아도 사회구성원 모두에게 유익한 결과(공익)를 가져오게 된다는, 시장경제의 암묵적인 자율작동 원리를 말했다. 마치 시장경제 내에 공익 달성을 위해 사익을 조정해 주는 신(神)의 손이 존재하는 것 같다는 의미이다. 이를 보이지 않는 손(Invisible hand)라고 불렀다.

암호화폐와 관련한 도도한 물결은 정부가 막아서도 되지 않고, 막아도 되는 일이 아니다. 막는다고 해서 나라의 발전에 도움도 되지 않는다. 특히 문재인 정부에 도움이 되지 않는다. 다시 한 번 강조하지만, 프레임(Frame)에 갇히면 프리덤(Freedom)을 잃는다.

블록체인이 금융위기를 해결할 수 있다

화폐는 집단적 상상의 산물이다

암호화폐가 문제가 되는 것은 어쨌든 그게 화폐이기 때문이다. 그렇다면 우리가 꼭 알아야 할 것이 있다. 바로 돈의 역사이다. 여기에서는 복잡한 이론을 말하자는 것은 아니다. 상식적인 선에서 돈이 어떻게 우리를 지배하게 되었는지를 알아야 할 것이다.

인류 초기, 그러니까 크로마뇽인이라면 수렵과 채집을 위주로 했을 것이다. 즉, 독고다이(?)처럼 혼자 벌어서 혼자 먹었다는 이야기이다. 내가 필요한 짐승은 내가 잡아먹고 곡식은 내가 재배를 해야만 하는 환경에서 돈의 필요성을 느낄 수가 없었다. 하지만 가족이 모여 씨족이 되고, 씨족이 모여서 부락이 되면서 가축이나 곡식 등 점점 생산해내는 것들의 양이 늘어나고, 그러다 보니 잉여 생산물이 생기게 되었다.

농사를 짓다보면 풍년이 들 때가 있지 않은가. 이 잉여생산물이 축적되면서 돈의 싹이 트게 된 것이다. 우리가 흔히 돈이 모인 것을 표현할 때 자본(Capital)이라고 쓰는데, 자본이라는 단어가 라틴어의 '머리' 또는 '소의 머리'를 의미하는 'caput'이라는 단어에서 유래되었다는 것은 우연이 아니다.

잉여 생산물이 생기면서 인간은 교환의 필요성을 느끼게 된다. 나한테는 없고, 혹은 내가 필요한 무언가와 바꾸고 싶어진 것이다. 이로 인하여 물물교환이 일어난 것이다. 하지만 물물교환이 순조롭게 이루어지지는 않았을 것이다. 약탈이나 침략이 빈번하게 이루어졌을 것이고, 물물교환을 하기 위해서는 여러 번 상대와 만나서 필요한 물건을 보여주어야 하는 번거로움이 있었을 것이다.

이때 필요한 것은 무엇? 그렇다. 바로 연장이나 옷감, 곡식이나 귀금속 같은 누구나 인정하는 가치가 있는 표준상품이 필요했던 것이다. 하지만 표준상품도 불편하기는 마찬가지다. 그러다가 거래의 불편을 해소한다는 차원에서 금이 나타났다. 처음에는 금을 저울로 달아서 사용했다. 그러다가 매번 귀찮으니까 통일화된 질량을 표시하는 금화를 만들어서 쓰기 시작한 것이다. 금속화폐가 등장한 것이다.

하지만, 어찌 인간처럼 믿을 수 없는 존재가 있겠는가. 그레샴(Gresham)의 법칙이 나타난다. 악화가 양화를 구축하게 된 것이다. 무슨 말이냐고? 금에다가 다른 성분, 즉 구리 등을 섞은 악화가 시장에 유통되면서 진짜 금화가 사라지게 된 것이다.

또 하나의 문제는 보관이었다. 많은 양의 금이나 금화를 가지고 있는 사람들은 보관에 늘 애를 먹었다. 도난이나 강도의 위험이 상존하고 있었던 것이다. 지금처럼 치안이 잘 되어 있는 시대에서도 은행 강도 사건이 심심치 않게 보도되고 있는 현실을 감안하면 크게 놀랄 일도 아니다.

그래서 금을 보관하는 장소가 생겨난 것이다. 금을 보관해주고 증서를 발행해주면, 그 증서로 다른 사람에게 지불하는 수단을 삼은 것이다. 또 언제든지 금이 필요하면 증서를 가지고 가서 금으로 교환하면 그만이었다. 그러다가 금을 사는데 금 보관증을 받아주기 시작했다. 금이 아니라 금을 보관하는 증서가 지불수단으로서의 역할을 하게 된 것이다.

그렇게 금 대신에 금 보관증이 통용되기 시작했다. 그러다가 금을 보관만 하지 말고 금을 빌려주는 일을 하게 된 것이다. 문제는 원래 있던 금이 돌면서 새로운 금을 창출한다는 것이다. 즉, 금의 총량은 그대로 있는데 금의 유통량이 늘어난 것이다. A라는 곳에서 금을 빌려 B라는 곳에 가면 금 보관증을 발행해준다. B는 다시 다른 사람에게 금을 빌려주는 형식이다. 원래 금이 100이라면 시장에서는 200 혹은 400의 금이 유통되는 형식이다. 때로는 1,000을 넘어서 10,000까지 가는 경우를 상상하면 이해하기 쉬울 것이다.

암호화폐만 위험한 게 아니다

이제 금보관소가 은행이 되는 것이다. 은행은 놀라운 비밀을 알게 된다. 금의 보유량에 관계없이 금 보관증을 마음대로 찍어내면 댄다는 비밀이다. 이른바 부분지급준비제도가 탄생한 것이다. 원래는 금이 있는 만큼만 금 보관증을 찍어내야 하는데(이를 완전지급준비제도라 한다), 한꺼번에 금을 찾을 리가 없다는 사실을 믿고, 원래 보관하고 있던 금보다 더 많은 보관증을 찍어내게 된 것이다. 이게 현대 금융위기의 단초가 되는 것이다.

처음에는 실물이었던 것이 점차 실물이 아닌 것(금도 실체가 있는 것이지만, 교환을 하는 사람이 원하는 물품은 아님)으로 대체되고, 그 대체되는 것마저 다른 것으로 대체되는 것이 돈의 역사이다. 더군다나 있던 금보다 더 많이 금 보관증을 찍어도 누구 하나 문제를 제기하지 않는 사회가 온 것이다. 이제 돈이라는 것이 실체가 아니라 정보에 불과하기 때문이다. 지금 누가 10만원을 요구할 때, 10만원이라는 실체를 요구하는가. 컴퓨터나 신용카드, 혹은 예금통장에 적혀 있는 100,000이라는 숫자를 말하지 않던가. 그렇다. 이제 돈은 사람들의 손에서 머리로 옮겨가 버렸다.

금과 1대1 교환이라는 금본위제도가 무너진 것은 오래이다. 오래전부터 미국 달러가 기축통화가 되었다. 다른 말로 표현하면 미국 달러는 금보유량과 관계없이 찍어내는 것이고, 이것이 세계적으로 유통이 되는 것이다. 뭔가 위험하지 않은가. 달러를 찍어내는 데는 어떤 실물이 기반으로 해야 그게 넘치는지 부족한지 알게 되는데, 정부관료들과 정치인들에 의해서 화폐 발행액이 정해지는 것이다. 그것을 책임지는 사람도 없이 말이다.

암호화폐만 위험하다고 할 게 아니다. 우리가 전적으로 믿고 있는 금융시스템이 정말 허술하고 위험하기 짝이 없는 것이다. 그런 의미에서 유발 하라리가 〈사피엔스〉에서 말한 '화폐는 집단적 상상력'의 산물이라는 게 의미가 있다고 하겠다.

또한 100원 어치의 은으로 100원짜리 은화를 만드는 것이 아니라 50원어치의 은으로 100원짜리 은화를 만들면 이 은화를 발행하는 주체(국가, 군주, 혹은 은행)는 은화를 발행할 때마다 그 절반에 해당하는 가치를 공짜로 얻게 된다. 이를 시뇨리지(Seigniorage) 혹은 화폐주조차익이라 부른다. 이러한 공짜에 대한 욕심은 무분별한 화폐의 발행을 야기했고, 항상 그 결말은 살인적인 인플레이션이라는 형태의 부메랑으로 되돌아와서 국가와 시민들을 오랜 고통에 빠뜨렸다. 한 마디로 '이게 나라냐"인 것이다.

세계의 역사는 금융위기의 역사?

세계의 역사는 일면 금융위기의 역사라고 해도 과언이 아니다. 그 중에서 1970년대 초 이후의 시기는 주가와 부동산 가격, 상품가격, 통화가치의 변동성이 매우 컸다는 점에서, 금융위기의 빈발과 그 혹독함이라는 측면에서 전례가 없던 시기라고 할 수 있다. 하지만 거기서 그치지 않았다. 다시 1980년대 후반 일본은 부동산과 주식시장에서 거대한 거품을 경험했다. 같은 기간 핀란드 등 북유럽도 부동산 가격과 주가는 일본보다도 더 빠른 속도로 상승했다.

이것이 1990년대 초에는 동남아시아까지 영향을 입혔다. 이들 지역의 부동산과 주가가 급등했으며, 1993년의 경우 이들 지역의 국가의 주가 상승률은 거의 100%에 달했다. 정보기술(IT)기업 및 닷컴 기업 같은 신산업의 주가가 열광적인 붐과 함께 타올랐던 1990년대 후반 미국은 주식시장의 거품을 생생하게 경험했다.

한 마디로, 어느 나라 하나 성한 곳이 없을 정도이다. 금융위기는 선진국이나 후진국을 구분하지 않고 화폐가 있는 곳이면 어김없이 찾아오는 속성을 지니고 있다. 왜 이런 일이 벌어질까. 화폐라는 것을 중앙은행이 발행을 하고, 이 화폐가 경제정책의 중요한 축으로 자리를 잡고 있기 때문이다. 금리를 인하할 것이냐 인상할 것이냐의 단순한 결정만으로도 시장경제는 엄청난 변화를 경험하게 된다. 그런데 그 결정을 사람이 한다는 것이다. 당연히 가치판단이 개입할 수밖에 없다. 더군다나 정부 말고는 그런 기능을 담당하는 곳도 없으니, 온전히 정부가 잘 하기를 기대할 수밖에 없는 것이다. 그런데 그 정부가 가끔 '생각 없이' 일을 처리하는 게 문제다.

세계사에 나타난 10대 금융 거품으로는 1) 1636년 네덜란드 튤립 알뿌리 거품 2) 1720년 영국 남해회사 거품 3) 1720년 프랑스 미시시피 회사 거품 4) 1920년대 말 미국 주식시장의 거품 5) 1970년대 멕시코를 비롯한 개발도상국에 대한 은행여신의 급증 6) 1985~1989년 일본 부동산 및 주식시장 거품 7) 1985~89년 핀란드,

노르웨이, 스웨덴 부동산 및 주식시장 거품 8) 1992~1997년 태국, 말레이시아, 인도네시아 등 아시아 여러 국가에서의 부동산 및 주식시장 거품 9) 1990~1993년 멕시코에 대한 외국인 투자의 급증 10) 1995~2000년 미국 나스닥 주식시장의 거품 등을 들 수 있다.

10대 금융 거품 가운데 가장 이른 시기의 거품은 17세기 네덜란드에서의 튤립 알뿌리에 관한 것이고, 특히 다양한 희귀종 알뿌리들이 그 대상이었다. 당시에는 튤립 알뿌리 하나로 집 1채까지 살 수 있을 정도로 가격이 비정상적으로 상승했다. 하지만 어느 순간 가격이 하락세로 반전하면서 사겠다는 사람은 자취를 감추고, 팔겠다는 사람만 넘쳐나면서 거품은 사라지고 가격은 원래대로 돌아왔다. 시장에서 가장 나중에 튤립을 아주 비싸게 산 '바보'가 출현한 이후로 급격하게 하락하게 된 것이다. 튤립파동은 영국에서 일어난 남해 거품 사건과 프랑스에서 일어난 미시시피 계획과 함께 '근대 유럽의 3대 버블'이라고 불린다.

정부가 오히려 경제 혼란을 부추기고 있다

최근 30년간 주가 상승폭은 이전 기간들에 비해 더 큰 규모였다. 부동산과 주식시장의 거품은 동시에 발생하는 경우가 많았지만, 어떤 나라에서는 주식 시장의 거품 없이 부동산 거품만 발생하는 경우도 있었고, 반대로 1990년대 후반 미국처럼 부동산 거품 없이 주식시장의 거품만 형성되는 경우도 있었다. 어쨌든 이러한 거품이 일어났을 때, 어떤 사람은 기회를 얻기도 하지만 어떤 사람은 불행의 나락으로 떨어진다.

어떤 사람은 이를 '광기'로 본다. 정상적인 경우보다 이례적으로 성장국면이 급격하게 확장되었기 때문에, 그 정도로 부르는 것은 괜찮을지도 모른다. 사람도 정상적인 범주를 넘어서면 '미쳤다'라고 표현하지 않던가.

이런 광기는 주로 경기순환의 확장국면에서 나타나는 특징이 있다. 부분적으로 광기에 동반하는 풍요로운 감정이 지출 증대를 야기하기 때문이다. 사람들이 돈이 넘쳐난다고 인식하기 때문에 광기 국면에서 부동산 가격이나 주가, 상품가격의 상승은 소비지출 및 투자지출의 증가에 기여하고, 이것은 다시 경제성장을 가속화시킨다.

여기에 편승하여 경제를 예측하는 사람들은 영속적인 경제성장을 예측하고, 일부 과감한 분석가들은 시장 경제의 전통적인 경기순환이 사라졌다며 더 이상 경기후퇴는 없다고 단언하기도 한다. 경제가 성장하니까 이에 기대어서 투자자들과 대여자들은 미래에 대해 낙관론을 펼치고, 자산 가치는 더욱 빨리 혹은 적어도 얼마 동안은 상승한다. 더 많은 기업이 희망에 휩싸여 기대에 부풀고, 신용이 넘쳐나므로 투자지출은 급증한다.

경제적 풍요감에 동반해 부동산과 주식, 상품가격의 상승이 나타난다. 가계의 부가 증가하고 따라서 지출도 늘어난다. '이 보다 더 좋았던 적이 없다'는 인식이 자리 잡는다. 그러는 사이 자산 가격이 그 정점으로 치솟고, 곧이어 하락이 시작된다. 거품이 '펑' 하고 터지는 것이다.

버블이 터지면 자산가격의 급격한 하락이 나타날 수 있다. 이처럼 자산가격이 곤두박질치듯 떨어질 때는 유동성 수요가 급증하고, 이로 인해 다수의 개인과 기업이 파산한다. 이렇게 궁지에 몰린 상황에서 벌어지는 자산의 매도사태는 자산가격의 연속적인 하락을 유발한다.

이럴 때 정부가 금융시장의 안정을 방어하거나 금융 불안정을 완화시킬 수 있다. 여기서 딜레마는 자산 가격이 급락하더라도 정부가 관대한 구제책과 함께 조만간 지원에 나설 것이라고 투자자들이 미리 알고 있다면, 자산과 유가증권을 매입하는 투자자들의 조심성이 줄어들 것이므로 결과적으로 붕괴가 더욱 빈번하게 발생할 수 있다는 점이다. 정부가 오히려 경제혼란을 부추기고 있다는 표현도 틀리지는 않다.

진정으로 규제와 감시가 필요한 것은 정부의 통화이다

역사의 상당히 오래된 시점부터 통화 발행권을 국가가 독점해왔다. 모두가 그것은 당연하다고 생각해왔고, 앞으로도 그럴 것이다, 그러나 하이에크에 따르면 여기에는 아무런 합리적인 근거가 없다. 오히려 여러 가지 문제점이 있다는 것이다. 하이에크는 이렇게 주장한다.

- 현대의 정부는 대부분 화폐 발행을 통해 재정적자를 메우면서 활동을 확대해왔다. 고용을 창출한다는 핑계를 대면서 말이다. 뿐만 아니라 정부지출의 증가는 정부가 돈을 통제할 수 있게 된 탓에 탄생했다. 정부의 적자를 화폐의 창출로 해결해서는 안 된다.

무슨 말인가. 요약을 하자면, 정부가 없는 편이 더 경제가 잘 돌아간다는 말이다. 이런 가설도 타당하다. 차라리, 중앙은행이 아니라 개별 은행이 독자적인 화폐를 발행하게 되면 각 은행은 자신들이 만든 화폐의 구매력을 유지하기 위해 신중히 발행량을 조절할 것이므로 무질서한 증발(增發)은 사라질 수 있다는 것이다. 중앙은행이 혼자이니까 무분별한 증발이 계속되고, 이것을 스스로 제어하지 못하니까 이것이 경기 호황으로 갔다가 침체로 떨어지는 일이 반복되고 있다는 것이다.

현실 세계에서 중앙은행이 '자금을 빌려줄 최후의 보루'로서 필요한 이유는 부분지급준비제도가 허용되고 있으며, 정부가 화폐 발행권을 독점하고 있기 때문이다. 은행이 예금자에게 법화로 예금을 지급하도록 의무화되어 있기 때문에 자금을 빌려줄 최후의 보루에 의존할 수밖에 없는 것이다.

하지만 하이에크는 이 현실을 정면으로 반박한다. 부분준비지급제도와 정부의 화폐발행권 독점 때문에 경제가 불안정해진다는 것이다. 그는 좀 더 급진적인 표현이지만, 중앙은행이 없는 세상이야말로 바람직한 세상이라고 말한다. 하지만 중앙은행이 없다면 어떻게 할 것인가에 대한 구체적인 대책을 하이에크는 내놓지 않았다.

이처럼 하이에크가 말한 화폐자유화는 국가 권위와의 투쟁이 될 수밖에 없는 심각한 정치문제가 된다. 그런데 암호화폐의 등장으로 하이에크의 주장이 현실에서 실현될 가능성이 커졌다. 암호화폐는 중앙은행이 없으며, 지급준비금의 대출도 불가능하다. 따라서 신용창조도 일어나지 않는다. 그뿐 아니다. 특정 관리주체도 존재하지 않는다.

지금까지 세계 금융의 광기와 패닉의 역사 근간에는 정부가 있었음을 간과하지 않을 수 없다. 정부 혹은 중앙은행이 화폐를 발행하고, 금리를 조절하고, 재정 파이낸스를 하기 위해 여러 가지 정책을 내놓다보니 시장에서는 왜곡 현상이 일어나는 것이다. 복잡하게 얽혀 있는 금융시스템과 금융파생상품과의 역학관계 때문에 어떤 문제가 발생해도 그 문제를 해결하기에는 지나치게 복잡하고 시간이 걸리기 때문에 차라리 대책이 없는 게 나을 정도로 현재의 금융시스템은 괴물이 되어 버렸다.

어쨌든 최종적으로는 국가가 모든 책임을 떠안는 구조로 되어 있다. 하지만 국가라는 것도 어쩌면 실체가 없기는 마찬가지 아닌가. 국가를 운영하는 주체들은 결국 자신들이 권력을 잡기 위해 이런저런 선심성 정책을 쓰다가 정권이 바뀌면 그 자리를 떠나면 그만이다. 아무도 정책이 실패했다는 이유로, 대통령을 비롯한 정부의 각료를 책임지게 할 수는 없다. 설사 책임질 수 있게 하더라도 그 책임을 규명하기는 참으로 어려운 문제임에 틀림이 없다.

그 와중에 국민들은 정부와 중앙은행을 믿고 있다가 자신의 자산을 털리는(?) 역사의 연속인 것이다. 정작 규제할 대상은 암호화폐가 아니라 특정한 집단에 의해서 움직이는 정부의 통화이지 않을까. 이런 이유로 암호화폐가 인기를 얻고 있는 것이다. 암호화폐는 정부의 통제를 받을 필요가 없다. 또한 한 국가 내에 머무는 것이 아니기 때문에 한 국가의 경제가 불안하면 안정된 나라로의 이전이 빠르고, 비용이 거의 들지 않기 때문에 정부의 경제정책 실패에 따른 위험이나 리스크에서 자유로울 수 있는 것이다.

암호화폐는 창세기 이래 가장 큰 플랫폼이다

우리는 모두 새로운 번영의 길 위에 있다

미국 현대문학을 대표하는 작가 코맥 매카시의 장편소설 〈로드〉가 있다. 대재앙 이후의 지구를 배경으로 길을 떠나는 아버지와 아들의 이야기를 그린 작품이다. 문명이 파괴되고 거의 모든 생명이 멸종한 무채색의 땅. 작가는 지구에 무슨 일이 있었는지 구체적으로 설명하는 대신, 시적인 언어로 우리가 어렴풋이 상상할 수 있는 미래의 황폐함을 묘사하고 있다. 답답할 정도로 우울하고 도무지 희망이라고는 보이지 않는다. 모두가 굶주리고 더럽고 말라비틀

어져 죽고, 아무튼 읽는 내내 불편함이 가득한 소설이다.

작가의 삶 자체가 우울함의 연속이어서 그럴까, 대재앙이 일어난 지구에는 하늘을 떠도는 재에 가려 태양은 보이지 않고, 살아남은 사람들은 서로를 잡아먹는다. 그런 황폐한 땅에서 아버지와 어린 아들이 희망을 찾아 길을 걷는다. 아버지와 아들은 바다가 있는 남쪽을 향해 나아가지만 그곳에 무엇이 있는지, 왜 그곳으로 가는지 알 수 없다. 다만 아버지는 '우리는 불을 운반하는 사람들이다' 라고 말할 뿐이다.

그들에게는 생활에 필요한 물품들을 담은 카트와 만약의 경우에 대비해 자살용으로 남겨둔 총알 두 알이 든 권총 한 자루가 전부다. 위기를 맞을 때마다 남자는 더 큰 고통을 겪기 전에 아들을 죽이고 자신 역시 목숨을 끊어야 하는 게 아닐까 하는 고뇌에 휩싸인다. 하지만 온갖 역경과 회의에도 불구하고 그들은 다시 남쪽으로 묵묵히 길을 나선다.

결국 아버지는 중간에 죽고, 아들만 살아남아서 낯선 사내와 함께 길을 떠나는 게 소설의 주요 내용이다. 일종의 '길에서 길을 묻는다'는 형식일 수도 있다. 사람은 떠나면서 생각에 휩싸인다. 그것은 생존을 위한 창의적인 모티브일 수도 있고, 죽음을 선택하기 위한 위장술일 수도 있다. 어쨌든 우리는 지금도 모두 '길 위에' 있는 것만은 사실이다.

암호화폐도 지금 길 위에 있는 셈이다. 그동안 인터넷의 발달로 개인에게 번영과 자유가 주어질 것이라고 여겼지만, 인터넷은 오히려 국가나 대기업에 정보나 기회가 독점되도록 해 그 피해는 개인이 지는 묘한 구조로 흘러가고 있다. 개인에게서 효용을 빼앗아가고, 그 폐해는 개인이 지는 '절대 이기지 못한 게임' 같은 구조는 코맥 매카시의 〈로드〉처럼 우울하고 기분 나쁜 것이다. 게다가 이를 사람들은 당연하다고 받아들인다면 분통 터지는 일이다.

소설 속의 두 사람에게 남쪽의 바다가 구원의 시작이듯이 이 글을 읽는 독자들은 모두 '힘없는 서민'이기에 블록체인이라는 신뢰와 기회의 바다로 들어가서 암호화폐를 찾아야 한다. 그것만이 현재 우리에게 닥친 재앙에서 해방될 수 있기 때문이다.

아이앤비는 플랫폼을 기반으로 한 회사이다

플랫폼의 개념은 기본적으로 간단하다. 생산자와 소비자가 모여 상호작용할 수 있는 공간을 만들어 서로를 위한 가치를 창출하게 하자는 것이다. 이는 인류가 수천 년간 실행해 온 개념이기도 하다. 그러니까 플랫폼은 지금 생긴 게 아니라 인류 탄생과 더불어 생겼다고 해도 과언이 아니다.

전통의 플랫폼과 현대의 플랫폼의 중요한 차이는 디지털 기술이다. 디지털 기술은 플랫폼의 범위, 속도, 편의성, 효율성을 크게 확대시킨다. 가장 중요한 차이는 시간과 장소의 구애를 받지 않는다는 것이다. 무엇 때문일까. 바로 인터넷 때문이다. 인터넷과 관련된 기술이 오늘날 플랫폼 기업들에 산업을 변화시킬 정말 놀라운 능력을 선사했다. 그 변화는 종종 예측이 불가능할 정도이다.

먼저 아이앤비 탄생을 알아보자. 브라이언 체스키와 조 게비아는 신참 디자이너로 샌프란시스코에 이주하고 나서야 함께 살기로 한 아파트의 임대료가 자기들이 감당하기에 너무 비싸다는 것을 알았다. 돈이 떨어진 두 사람은 즉흥적으로 컨벤션 참석자들을 위한 파트타임 관광가이드 서비스와 매트리스를 제공하기로 하였다. 결국 두 사람은 주말 동안 머물 손님 세 명을 받아 천 달러를 벌어서 다음 달 임대료를 낼 수 있었다. 이 둘은 나중에 장기적인 사업으로 전환하기 위해서 블레차르지크를 영입하게 된다.

이처럼 궁지에 몰려 살아남기 위해 했던 즉흥적인 아파트 공유 경험은 세계 최대 산업으로 꼽히는 분야에 혁명을 가져오게 된다. 세 사람은 누구나 어디서든지 남는 소파나 손님방을 여행자들에게 빌려줄 수 있는 웹사이트를 디자인했다. 그 대가로 회사는 임대료의 일부를 떼어가는 방식이었다. 이들은 회사의 이름을 그들이 살던 아파트의 에어 매트리스에서 이름을 따서 에어 베드 & 블랙퍼스트(Airbnb)라고 지었다. 우리들이 알고 있는 에어비앤비가 바로 이것이다.

세 명의 동업자는 먼저 호텔 방을 종종 동나게 하는 행사에 집중했다. 이들이 처음으로 히트를 친 행사는 2008년 텍사스 주 오스틴에서 열린 사우스 바이 사우스웨스트(South by Southwest, SXSW) 페스티벌이었다. 그러나 이들은 곧 현지인들이 제공하는 친절하고 저렴한 숙소에 대한 수요가 특정기간 내에만 있는 것이 아니라 상시적으로, 즉 1년 내내 전국적으로 존재하며 심지어 전 세계적으로도 수요가 있다는 사실을 발견했다. 현재 에어비앤비는 119개 국가에서 활발한 사업을 펼치는 거대 기업이 되었다.

10년도 안 되어 에어비앤비는 점점 늘고 있는 고객층을 전통적인 숙박업소로부터 빨아들였다. 이 모든 성과가 호텔 방 하나 소유하지 않고서 출발했다. 이것이 플랫폼이 가지고 오는 엄청난 결과이다. 이런 변화는 매우 극적이고 예상치 못한 것이었다. 하지만 엄연한 팩트다.

아무도 플랫폼을 피해갈 수 없다?

스마트폰 기반의 차량 서비스 기업인 우버를 보자. 2009년 3월, 우버는 샌프란시스코에서 서비스를 시작했다. 그러나 5년도 안 되어 투자자들은 우버의 가치를 500억 달러 이상이라고 평가했다. 게다가 우버는 전 세계 200개 이상의 도시에서 전통적인 택시 산업에 도전장을 내밀었다. 그리고 성공적으로 그 도시를 장악하고 있다. 심지어 우버는 아예 택시 산업을 대체할 기세로 성장하고 있다. 그렇다면 우버가 택시를 가지고 있는가? 전혀 아니다. 우버는 단 한 대의 택시도 소유하지 않고 있다.

중국으로 가보자. 중국에는 알리바바가 있다. 중국의 거대 소매 기업 알리바바에는 자사가 소유한 여러 비즈니스 포털 중 한 사이트인 타오바오에서만 10억 종에 달하는 상품을 구비하고 있다. 가히 세계 최대의 장터라고 할 수 있다. 그렇다면 알리바바가 만리장성을 빌려서 그 많은 상품을 쌓아놓았다고? 아니다. 알리바바는 단 한 개의 상품도 가지고 있지 않다.

페이스북은 어떤가. 15억 명이 넘는 가입자가 방문해서 정기적으로 뉴스를 읽고 사진을 보고 음악을 듣고 동영상을 보는 동안 벌어들이는 연 광고 수익이 2015년 기준으로만 봐도 약 140억 달러에 이른다고 한다. 이쯤 되면 페이스북은 세계 최대의 미디어기업임에 분명하다. 놀라운 것은 페이스북은 단 하나의 콘텐츠도 가지고 있지 않다는 사실이다.

이것은 디지털을 기반으로 하는 플랫폼이라는 단어 말고는 설명할 길이 없다. 이처럼 플랫폼은 기술을 이용해서 사람과 조직, 자원을 인터렉티브한 생태계에 연결해 엄청난 가치를 창출하고 표현할 수 있게 해 준다. 에어비앤비, 우버, 알리바바, 페이스북이 바로 플랫폼을 통한 새로운 비즈니스를 창출한 모델의 대표적인 경우이다.

이뿐이 아니다. 아마존, 유튜브, 이베이, 위키피디아, 트위터 등 우리 주변에는 엄청나게 많은 플랫폼이 널려 있다. 각각의 플랫폼은 독특하며 저마다 특화된 산업과 시장에 집중하면서 플랫폼의 힘을 이용하여 세계 경제에 큰 변화를 몰고 왔다. 하지만 이제 시작인지도 모른다. 앞으로는 더 어마어마한 것들이 몰려들 것으로 예상하는 사람들이 많다. 그리고 실제로 그렇게 될 것이다.

플랫폼은 외부 생산자와 소비자가 상호작용을 하면서 가치를 창출할 수 있게 해주는 것에 기반을 둔 비즈니스이다. 플랫폼은 이러한 상호작용이 일어날 수 있도록 참여를 독려하는 개방적인 인프라를 제공하고, 그에 맞는 거버넌스를 구축한다. 플랫폼의 가장 중요한 목적은 사용자들끼리 꼭 맞는 상대를 만나서 상품이나 서비스 또는 사회적 통화를 서로 교환할 수 있게 하여 모든 참여자가 가치를 창출하게 하는 데 있다.

플랫폼은 무엇을 어떻게 바꾸고 있나

기업들이 전반적으로 채택하고 있는 전통적인 시스템을 파이프라인(Pipeline)이라고 한다. 파이프라인은 가치의 창출과 이동이 단계적으로 일어나며, 이때 파이프라인 한쪽 끝에는 생산자가, 반대편 끝에는 소비자가 있다. 회사는 먼저 제품이나 서비스를 디자인한다. 그런 다음 제품을 제조해서 판매하거나 서비스를 제공하기 위한 시스템이 작동한다. 마지막으로 고객이 등장해서 제품이나 서비스를 구매한다. 이를테면 가치가 생산자에서 소비자에게 흘러가는 단선적인 구조라고 할 수 있다. 이를 선형적 가치사슬(linear value chain)이라고 부른다.

반면 플랫폼의 세계에서는 다른 종류의 이용자들이 서로 만나고 상호작용을 일으키면서 플랫폼이 제공하는 자원을 사용한다. 이런 과정에서 이들은 가치 있는 무언가를 교환하고 소비하며 때로는 함께 만들어 내기도 한다. 가치는 생산자에서 소비자까지 일직선으로 흘러가지 않고 사람들에 의해서 다양한 장소에서 다양한 방식으로 만들어지고 변경되며 교환되고 소비된다.

말 그대로 산업구조가 전통적인 선형적 가치사슬에서 플랫폼의 복합적인 가치 매트릭스로 변화가 진행되는 것이다. 이 말은 참 단순하게 들린다. 하지만 그 안에 담긴 의미는 꽤 복잡하다. 플랫폼 모델이 한 산업에서 다른 산업으로 확산되면서 비즈니스는 거의 모든 측면에서 혁신적으로 변한다. 그렇다면 도대체 어떤 변화가 있다는 말인가.

첫째로 게이트키퍼(Gatekeeper)가 사라지고 있다. 게이트키퍼는 뉴스나 정보의 유출을 통제하는 사람이라는 뜻을 가지고 있다. 여기서는 생산자와 소비자를 연결하는 미들맨(middle man)으로 보면 될 것이다. 생산자는 효과적으로 소비자에게 자신의 생산물을 전달하기 위해서 게이트키퍼를 이용하게 된다. 문제는 이 게이트키퍼가 비효율적이란 데 있다. 게이트키퍼가 전체적인 시장의 실시간 흐름을 다 파악할 수 없기 때문에, 혹은 게이트키퍼에 의해서 시장상황이 제한되고 왜곡되기 때문에 생산과 소비 사이에 원활하고 정확한 흐름을 보장할 수 없는 것이다. 오히려 게이트키퍼가 사라지게 되면 소비자들은 더 자유롭게 자신들에게 적합한 상품을 고를 수 있다.

둘째로 공급자의 성격이 달라지고 있다. 플랫폼 기반의 비즈니스는 자본의 투입과 물리적 자산의 관리능력에 따른 제약을 받지 않는다. 에어비앤비와 경쟁하는 기존의 파이프라인 기업들은 신규 부동산을 선정해서 매입한 후 새로운 리조트를 설계해 건설하고, 신규직원을 고용한 다음 훈련시키기까지 족히 몇 년은 걸릴 것이다. 하지만 에어비앤비의 경우는 상품의 '재고'라는 것이 임대할 객실을 소유할 사용자들이 가입하는 속도만큼 늘어난다. 시간차가 존재하지 않는다는 말이다.

이런 이유 때문에 에어비앤비는 단 몇 년 만에 전통적인 호텔 경영자들이 수십 년간 고위험 투자를 하고 각고의 노력을 기울여서 성취하기를 바랐던 규모로 성장하고 수익을 거둘 수 있는 것이다. 에어비앤비에서 공급이란 수요처에 불과했던 커뮤니티에서 유휴자원, 장치, 설비 등을 제공하는 것을 의미한다. 달리 말하면, 텔레비전 방송국들은 스튜디오를 만들고 직원을 뽑아서 영상을 제작한다. 하지만 유튜브는 그 어떤 방송국보다 많은 시청자들을 보유하고 있으며, 시청자들이 직접 만든 콘텐츠를 활용한다.

셋째로 품질관리 방식이 바뀌고 있다. 파이프라인 기업들은 내부의 통제 메커니즘에 의해 품질을 보장하고 시장 안에서 벌어지는 상호작용의 틀을 만들어간다. 이와 같은 방식은 확장해 나가기엔 비용이 많이 들고 비효율적이다. 하지만 플랫폼 기반의 비즈니스는 피드백 고리(feedback loop)에 의존한다. 비용도 적게 들고 즉각적인 대응이 가능하다는 말이다.

유튜브(서비스의 품질)나 에어비앤비(제공자의 평판)에 대한 커뮤니티의 반응을 수집할수록 이후 시장에서 상호작용이 더 효율적으로 이뤄진다. 다른 소비자들의 피드백은 자신이 원하는 동영상과 숙소를 쉽게 찾을 수 있게 해 준다. 부정적인 피드백을 많이 받은 상품은 대개 플랫폼에서 완전히 사라진다.

넷째로 기업 활동의 초점이 이동하고 있다. 플랫폼의 가치는 대부분 사용자 커뮤니티에 의해 생성된다. 따라서 플랫폼 비즈니스는 반드시 내부 활동에서 외부활동으로 초점을 옮겨야한다. 이러한 과정에서 기업이 전도된다. 다시 말해서 안과 밖이 바뀐다. 이를테면 마케팅, 정보 기술, 운영에서 전략에 이르기까지 모든 기능이 점점 회사 밖의 사람들과 자원, 그리고 기능으로 옮겨 가면서 전통적인 비즈니스 내부에 존재하던 기능을 보완하거나 대체한다.

플랫폼이 괴물이 되어 모든 산업을 먹어치우고 있다

유튜브와 에어비앤비, 위키피디아와 같은 새로운 플랫폼이 생겼을 때 여기저기에서 비판을 하거나 심지어 비웃기까지 하는 경우가 많았다. 이들이 주로 초기 단계에서 전통적인 경쟁자들이 제공하는 것과 같은 품질과 신뢰감을 주지 못했기 때문이다. 유튜브의 초기 콘텐츠는 포르노에 가까웠고, 대부분의 영상들이 불법 복제된 것이었다. 에어비앤비에 올라온 아파트에는 난장판을 벌인다는 신고를 받고 출동한 시 감독관들이 들이닥치기도 했다. 위키피디아 인물 소개 항목에서는 멀쩡히 살아 있는 사람들이 고인으로 둔갑한 경우도 있었다.

이 모든 것이 양적으로 늘어나는 데서 오는 문제이다. 플랫폼이 새로운 공급원의 문을 열 때 종종 품질이 급격히 떨어진다. 플랫폼 초창기는 그래서 어려울 수 있다. 그러나 시간이 흐르면서 큐레이션(Curation : 다른 사람이 만들어 놓은 콘텐츠를 목적에 따라 분류하고 배포하는 일) 메커니즘이 작동하기 시작하면 연관성이 있고 품질이 뛰어난 콘텐츠, 상품, 서비스를 생산자들로부터 끌어내어 소비자들과 연결시켜주는 플랫폼의 역량이 개선된다.

이런 이유로, 어느덧 플랫폼이 산업사회에서 괴물(?)이 되어 가고 있다. 플랫폼이 몰고 온 파괴의 바람이 특정산업에 속한 비즈니스를 차례로 집어삼키고, 사실상 모든 정보 집약적 산업에까지 뻗어가고 있다. 이미 그 위력이 미디어와 통신 산업을 엄청나게 파괴하고 있다. 문제는 여기서 그치는 게 아니다. 소매업, 도시운송업, 숙박업을 지나서 금융, 교육, 의료 부문으로 옮겨간다는 말이다. 사실상 플랫폼에서 자유로운 산업은 없다고 해도 과언이 아니다.

금융산업의 붕괴가
암호화폐 탄생 계기

2008년 전 세계 금융산업이 붕괴되었다. 리먼 브라더스 사태를 말한다. 개인이 정부를 신뢰할 수 없게 된 결정적인 사건이라고 할 수 있다. 이때에 나카모토 사토시(Nakamoto Satoshi)라는 익명을 쓴 누군가가(여러 사람일 수도 있다) P2P 식 전자결제 시스템을 위한 새로운 프로토콜을 구상했다. 이 전자결제 시스템은 비트코인이라 불리는 암호화폐를 사용했다. 암호화폐는 국가가 발행하거나 통제하지 않는다는 점에서 기존의 법정화폐와 구별되었다.

혁명적인 발상이어서 처음에는 아무도 사용하지 않았다. 그저 몇몇 사람만이 심심풀이로 사용했다. 이는 처음에 전화기가 발명되었을 때 전화를 장난감으로 본 경우나 마찬가지이다. 뭐든 사람들에게 익숙해지기 전까지는 푸대접을 받는 것이 사실이다. 하지만 시간이 지날수록 진가가 들어나고, 나중에는 어마어마한 폭발력을 가지게 되는 것이다.

블록체인의 가장 큰 특징은 분산 계산 방식이다. 이러한 규칙 덕분에 믿을만한 제삼자의 검증을 거치지 않고서도 수십억 개의 디바이스를 통해 교환되는 데이터의 진실성을 보장할 수 있었다. 정부나 은행 등 그동안 존재했던 미들맨(middle man)이 필요 없게 된 것이다.

이는 유례가 없는 일이었다. 둘, 아니 그 이상의 당사자들 사이에서 신뢰할 수 있는 거래가 성사된 것이다. 또한 개인 각자의 이해관계가 집합적으로 작동해 이러한 거래를 성사시키며, 대규모 협업으로 말미암아 거래의 진실성이 보장된다.

블록체인의 근간은 오픈 소스 코드이다. 누구나 공짜로 내려 받아 실행할 수 있고, 이를 활용해 온라인 거래를 관장하는 새로운 툴을 개발할 수 있다. 이 과정에서 무수한 많은 새로운 애플리케이션이 등장한다. 이 애플리케이션이 많은 것을 변화시킬 수 있다. 블록체인이야말로, 창세기 이래 가장 큰 플랫폼이 될 것이다. 그 전의 플랫폼은 한두 개의 아이템으로 기존에 있던 것을 변형하는 정도에 그쳤다면, 블록체인은 변형이 아니라 창조이며, 기존의 질서를 송두리째 바꿀 수 있는 어마어마한 플랫폼인 것이다.

당신은 작곡가나 가수들이 그들의 재능만큼 제대로 된 돈을 벌기를 원하는 음악애호가일 수도 있고, 대한민국 국회의원들을 제대로 뽑고 싶은 아마추어 주부정치인일 수도 있다. 또는 사라져가는 동물이나 식물이 불쌍해서 그것을 보호하기 위해 활동하는 환경운동가일 수도 있다.

4대강에 설치된 보가 환경에 위해하다면서 즉시 보를 없애야한다고 주장하는 시민운동가일 수도 있다. 또한 미국에 있는 자녀에게 돈을 송금하는데 좀 더 저렴하고 빠른 송금방법을 찾고 있는 기러기아빠인지도 모른다. 좀 더 세련되게 말하면, 프라이버시를 중시하며 내가 생산하는 모든 정보는 나에게 가치가 있다고 주장하는 소셜 미디어의 회원일 수도 있다. 어쨌든 사회나 개인의 목적을 위해 꿈을 꾸고 행동하고 소통하기를 원하는 모든 사람에게 블록체인은 훌륭한 플랫폼을 제공할 수 있을 것이다. 에어비앤비, 유튜브, 위키피디아를 뛰어넘는 많은 것이 블록체인을 기반으로 나타날 수 있을 것이다. 아니 벌써 시작하고 있다. 블록체인 혁명인 것이다.

블록체인 기술을 플랫폼으로 사용한 다양한 실험

블록체인은 많은 가능성이 내포된 오픈소스 플랫폼이다. 그런 이유로 이 기술을 응용한 다양한 실험 사례가 예전에도 있었고 앞으로도 있을 예정이다. 비트코인을 기반으로 태어나는 화폐를 알트코인(Alternative Coin; Altcoin)이라고 부른다. 우리나라에서는 대안화폐라고 번역하기도 한다. 모든 알트코인이 돈을 목적으로 한 실험은 아니다. 몇 가지 특징 있는 알트코인을 살펴보면 블록체인이 플랫폼으로서 가지는 영향력을 잘 알 수 있을 것이다.

헐코인(Hullcoin)은 지방정부 재정 해결을 위해 발행

'헐코인'은 해당 지역에서만 쓸 수 있도록 만들어진 화폐이다. 영국 요크셔주 킹스턴어폰헐(Hull)시 의회가 만들었다. 지방정부가 비트코인 파생 암호화폐를 만든 첫 번째 사례라고 할 수 있다. 헐코인을 만든 목적은 중앙정부의 복지 지출 축소로 고통 받는 지역 시민의 생활고를 개선하기 위해서였다.

오로라코인(Auroracoin)은 무능한 정부에 대항하기 위해 발행

아이슬란드는 2008년 금융위기를 겪으며 금융 시스템이 붕괴했다. 부패한 정부는 일반 국민이 외화를 사지 못하게 법으로 막았다. 국민들이 '달러' 같은 안전 자산을 모두 사들이면 국가 경제가 파국으로 치닫기 때문이었다. 국민을 담보로 하여 정부와 특정인만을 위한 은행 등이 만들어 낸 뻔뻔함의 극치인 정책이었다. 이에 발데르 오딘슨이란 사람이 반발하여 국민이 직접 쓸 암호화폐를 만들었다. 이게 바로 오로라코인이다. 그는 전체 발행량 가운데 절반을 미리 만들어두고 3월부터 국민에게 조금씩 나눠주었다. 한때 가격이 치솟아 시가총액이 8천억 원을 넘어서기도 했지만, 나중에는 0.05달러도 미치지 못했다. 취지는 좋지만 인간의 욕심은 가난한 자에게도 있기 때문에 정의는 늘 휘청거린다는 것을 보여주는 사례라고 할 수 있다.

레드코인(Reddcoin)은 암호화폐를 알리기 위해 발행

레드코인은 암호화폐 자체를 알리기 위한 홍보용으로 만들어졌다. 암호화폐가 아직 익숙하지 않은 사람들이 암호화폐를 접할 기회를 만들기 위해 레드코인은 팁 문화를 활용한다. SNS에서 좋은 정보를 봤다면, 레드코인으로 글쓴이에게 팁을 전하는 방식이다. 그 레드코인으로 레드코인 웹사이트에 접속해 진짜 물건을 사거나 다른 사람에게 팁을 전할 수 있게 만들어서 암호화폐가 실제로 사용될 수 있음을 알려준 것이다.

솔라코인(Solarcoin)은 태양 에너지 보급을 위해 발행

솔라코인은 태양 에너지 보급을 위해 만들어졌다. 발전기에 달린 계량기를 보고 활동가가 전기 생산량을 확인하면 이를 솔라코인 재단에 알린다. 전기를 만들었다는 사실을 확인한 재단은 태양에너지로 전기를 만든 사람에게 미리 만들어둔 솔라코인을 나눠

준다. 암호화폐가 신재생에너지를 위해 활용될 수 있다는 것을 보여준 것이다. 4차 산업 시대가 신재생 에너지 중심의 사회로 갈 것으로 보이므로, 앞으로도 솔라코인과 유사한 알토코인이 많이 나올 것으로 보인다.

영원히 존재하는 어머니 같은 원장, 블록체인

인터넷은 사이버 범죄를 양산했다

인터넷으로 우리가 정보를 편리하게 이용한 지도 40년이 지났다. 이메일, 월드와이드웹, 닷컴, 소셜 미디어, 모바일 웹, 빅 데이터, 클라우드 컴퓨팅, 사물 인터넷 등 그 전에 볼 수 없었던 신기한 경험들을 많이 했다. 이러한 기술들은 검색, 협업, 정보 교환에 소요되는 막대한 비용을 비약적으로 줄여주었다. 또 다양한 분야로의 진입장벽을 허물어뜨렸다. 사람들에게 새로운 기회를 제공하였다. 이런 이유로 스타트업에 불과했던 기업들이 대규모 IT 기업으로 성장하였고, 다른 산업들을 압도하고 있다.

하지만 인터넷이 모든 것을 해결해주지는 않았다. 아직도 부족한 게 남아 있다. 즉 다시 말하면, 인터넷은 우리에게 어머니가 아니라는 말이다. 우리에게 모든 것을 주고도 더 주고 싶어 하는 어머니라는 이름과 인터넷은 연결되지 않는다는 말이다. 왜 그럴까.

온라인상에서는 서로가 누구인지 정확히 알기 어려우며, 은행 또는 정부가 확인해주지 않는 이상 서로를 믿고 거래를 할 수 없다. 당연히 신뢰할 수 있는 제삼자가 필요하다. 제삼자는 은행이나 정부이다. 은행이나 정부는 중개를 빌미로 해서 상업적인 명목이나 국가 안보를 명목으로 우리의 데이터를 수집하고 프라이버시를 침해한다.

또한 일대일로 정보를 나누는 P2P(Peer to Peer)세상이 도래했지만, 정치 및 경제적 이익은 여전히 평등하게 분배되지 못하고 있다. 아니 오히려 특정인에게 권력과 정보가 집중되어서 부의 편차는 더 커지고 있다. 인터넷이 정보의 자유를 가져올 것이라고 믿었는데, 시간이 지나자 덩치가 큰 정부나 대기업들이 역습을 하여 정보를 독점하고, 배제하고, 쌍방향의 성질을 가진 인터넷을 한 방향으로 틀어버린 것이다. 그러는 동안에 돈 자체가 일하는 사람들보다도 더 많은 돈을 벌게 되었다. 이런 현상은 인공지능 시대에도 개선되지 않을 것이다. 자본을 가지고 있는 사람은 어느 시대나 항상 기득권을 향해 아주 빠르게 시대의 변화에 적극적으로 대응해서 이동할 수 있기 때문이다. 하기는 이런 모든 일은 자본주의라는 틀을 벗어던지기 전에 개선되기 어려운 일인지도 모른다.

또한 기술이 발달하면 인간의 삶은 풍요로워진다. 하지만 그 이면에 우리는 프라이버시를 가차 없이 침해당하고 있다. 디지털 시대의 기술은 선과 악을 구분하지 않는다. 기술이 악한 자의 손에 들어가면 악을 실행하는 데 유용한 도구로 변신하는 것이다, 무어의 법칙에 따라 반도체의 처리 능력이 두 배로 늘어나는 대신, 사기꾼과 절도범의 능력도 두 배로 늘려놓았던 것이다.

비트코인 해커가 이슈화됨에 따라 랜섬웨어(Ransomware : 몸값(Ransom)과 소프트웨어(Software)의 합성어로, 시스템을 잠그거나 데이터를 암호화해서 사용하지 못하도록 한 뒤 이를 풀어주는 대가로 금전을 요구하는 악성 프로그램)의 몸값이 올랐다고 한다. 그것도 1,800만원에서 11억원으로 폭등했다고 한다.

영원히 존재하는 어머니 같은 원장, 블록체인

암호화폐는 국가가 발행하거나 통제하지 않는다. 기존의 법정화폐와는 다르다. 분산 계정 방식을 통해 일련의 규칙을 수립했고, 이 때문에 정부나 은행과 같은 제삼자의 검증을 거치지 않고서도 수십억 개의 디바이스를 통해 교환되는 데이터의 진실성을 보장할 수 있었다.

비트코인이나 전자화폐는 어딘가의 파일에 저장되지 않는다. 마치 전 세계적으로 통용되는 스프레시트 원장과도 같이, 방대한 P2P비트코인 네트워크 자원을 활용해서 개별적인 거래를 확인하고 승인한다. 즉 전 세계에 퍼진 개인용 컴퓨터에서 '분산'되어 작동하는 것이다. 따라서 누군가 해킹을 하고 싶어도 해킹에 노출된 데이터베이스가 존재하지 않는 것이다.

　이런 특성 때문에 역설적이게도 블록체인은 '공공성'을 띤다. 늘 네트워크상에 존재하므로 그 누구라도 어느 때는 지켜볼 수 있다. 거래 내역을 감독하거나 기록을 남기는 기관인 정부나 은행을 통해서만 볼 수 있는 것이 아니다. 상시 감독체계가 가능하기 때문에 정부를 포함한 제삼자가 기록을 수정하거나 폐기할 수가 없다. 어떤 장부보다도 진실하고 투명하다. 따로 결산을 할 필요도 없는 것이다. 이는 회계사를 고용할 때, 회계사가 일부러 경영상태의 부실을 은폐하기 위한 '분식회계'로부터도 자유로울 수 있다는 말이다.

　또한 '블록체인'은 암호화된다. 블록체인은 강력한 암호를 활용하며, 가상공간의 보안을 지키기 위한 이러한 암호는 공공의 열쇠와 개인들의 열쇠를 포함한다. 이를테면 금고를 열기 위해서 각기 다른 두 개의 열쇠가 필요한 것이다. 이런 보안성 때문에 블록체인은 그 어떤 시스템보다 안전하다고 할 수 있다.

　10분마다 비트코인 네트워크의 심장이 박동한다. 모든 거래가 검증되고, 청산되고, 블록에 저장된다. 이 블록은 이전의 블록과 이어져 하나의 체인을 형성한다. 각 블록이 유효하려면 이전 블록을 참조해야 한다. 이러한 구조는 영구히 타임스탬프(time stamp)로 작동하며, 가치의 교환을 기록하고, 원장의 변조를 방지한다. 이런 이유로 블록체인 세상에서는 네트워크뿐만 아니라 네트워크상에서 오가는 대상이 자연스럽게 신뢰를 형성한다. 자체적으로 신뢰성이 확보되니까 더 이상 미들맨(정부나 기업 등 제삼자)에게 거래과정에서 발생하는 효용을 빼앗길 필요가 없다. 당연히 효용성이 극대화되는 시스템이다.

수도관이 낡아서 녹이 생기고 구멍이 나면 물이 샌다. 물을 제대로 보내기 위해 있는 수도관 자체가 오히려 빨대가 되어 물을 빨아들이는 모습이 되는 것이다. 비슷한 이유로 현존하는 대부분의 시스템은 여기저기서 미들맨과 같은 존재들이 '빨대'를 들이대서 실제로 경제가 효율적이지 않다.

플랫폼을 제공한다는 이유만으로 '손도 안 대고 코를 푸는' 경제 구성인자(은행, 정부, IT 대기업 등)들에게 착취를 당하지 않아도 된다는 말이다. 심지어 이들은 무슨 문제가 터지면 책임조차 지지 않는다. 이런 의미에서 보면, 우리에게 모든 것을 제공해주는 어머니와 같은 존재가 블록체인인지도 모른다. 아낌없이 주는 나무처럼 말이다.

정보의 민주화가 펼쳐진다

인터넷이 오히려 부의 불평등을 초래했다

많은 사람과 기업들은 월드와이드웹으로 구현되는 인터넷이 소수에게 권력이 편중된 사회를 무너뜨릴 것이라 생각했다. 처음에는 그랬다. 하지만 시간이 문제였다. 어느 정도 적응기가 끝나자 이익에 눈이 먼 집단들이 역습을 하였다. 비즈니스 업계와 정부기관 내에 권력 집중이 일어나면서 인터넷의 민주적인 구조를 그들의 입맛에 재편되는 과정을 겪었다. 형태가 달라졌을 뿐, 인터넷 이전의 상황으로 회귀해 버렸다. 아니 그 전보다 더 심해졌다고 할 수 있다.

저변의 인프라, 날로 늘어나는 대량의 데이터, 비즈니스와 일상 생활을 하루가 다르게 지배하는 알고리즘, 수많은 애플리케이션뿐만 아니라 알파고와 같은 머신 러닝, 자율주행차와 같이 새로이 등장한 특별한 기술이 오히려 권력의 집중을 가져오고 있다. 새로운 기술이 발명될수록 기회와 비용의 장벽이 발생하기에 누구나 그곳에 접근할 수 없기 때문이다.

또한 대부분의 선진국은 GDP가 증가하면서도 고용률은 정체되고 있다. 부는 끝없이 창출되는데 반대로 불평등이 심화되고 있는 것이다. 가진 자가 더 가지고, 못 가진 자는 빼앗기는 '나쁜 사마리아인'의 경제 구조가 고착화되는 것이다. 우리나라도 수출의 대부분이 반도체와 철강에 집중되어 있지 않은가. 총량은 늘어나는데 총량을 늘리는 데 참여하는 기업은 줄어든다는 것이 바로 부의 쏠림현상을 대변하는 것이지 않겠는가.

IT 대기업들은 민주적인 웹보다는 상호 소통을 가로막는 폐쇄형 네트워크 서비스, 읽기 전용 애플리케이션으로 무게 중심을 이동했다. 거기서 그치지 않고 민주적이고 개방된 P2P기술까지 독점해

버렸다. 인터넷이 탄생한 본래의 가치가 여지없이 훼손되어 '나쁜 손'들에 의해 이용당하고 있는 것이다.

이런 이유로 정보가 주요한 생산수단인 지금에 있어서 시간이 갈수록 경제적 권력은 더욱 집중되고, 더욱 커지고, 더욱 단단히 자리 잡는 결과를 초래했다. 데이터는 데이터를 통제의 수단으로 전용하고 더 많은 권력을 얻으려는 소수에게 집중되었다. 소수가 데이터를 수집하고, 데이터에 수반되는 권력까지 축적하게 되면서 지적 재산권이라는 엄청난 권력을 가지게 되었다. 조지오엘이 얘기한 빅브라더가 되는 것이다.

처음에는 작은 스타트업 기업이었지만, 인터넷 때문에 거대한 공룡기업이 된 구글, 애플, 페이스북, 아마존과 같은 기업도 마찬가지이다. 이들은 개인과 기관들이 양산하는 무수한 데이터를 놓치지 않고 있다. 그들은 소비자에게 상당한 효용을 제공한다. 하지만 이 와중에 데이터가 새로운 종류의 자산으로 부상하며, 데이터의 자산 가치는 기존 자산들을 압도할 수도 있다. 이런 와중에 자연스럽게 프라이버시는 침해당하고 개인의 자율성도 해치게 되는 것이다.

정부도 마찬가지이다. 운영의 효율성과 서비스의 질을 증대하기 위해 인터넷을 활용한다. 하지만 그들은 그 기술을 갖고서 시민을 감시하고 조종하기도 한다. 민주주의를 표방하는 국가들도 정보통신기술을 활용해 시민들을 감시하고, 여론을 호도하고, 그들만의 이익을 추구하고, 자유와 권리를 훼손하며, 어떻게든 권력을 손에서 놓지 않으려 한다. 이명박 정부에서 국정원을 동원하여 댓글 팀을 운영했었다는 사실이 우리에게 주는 시시점이 그런 것이다.

마틴 루서 킹의 '나에게 꿈이 있습니다'

무엇인가 새로운 것이 나타나서 다시 사람들에게 자유를 돌려주어야 하고, 불평등한 세상을 평등으로 만들어야 했다. 우리에게 이런 기회는 영영 주어지지 않는 것인가. 이런 의미에서 마틴 루서 킹 목사의 '나에게 꿈이 있습니다'라는 연설문을 잠시 보도록 하자.

- 오늘 나에게는 꿈이 있습니다. 언젠가는 조지아의 붉은 언덕 위에 예전에 노예였던 부모의 자식과 그 노예의 주인이었던 부모의 자식들이 형제애의 식탁에 함께 둘러앉는 날이 오리라는 꿈입니다. 언젠가는 불의와 억압의 열기에 신음하던 저 황폐한 미시시피 주가 자유와 평등의 오아시스가 될 것이라는 꿈입니다. 나의 네 자녀들이 피부색이 아니라 인격에 따라 평가받는 그런 나라에 살게 되는 날이 오리라는 꿈입니다.

그렇다. 마틴 루서 킹 목사가 아니더라도 누구라도 이 세상이 더욱 평등하고, 더욱 능력을 중시하고, 더욱 유연하고, 더욱 유동적인 모습을 띠기를 바란다. 이러한 시기에 블록체인이 등장한 것이다. 지금은 블록체인 기술과 함께 새로운 가능성의 세상이 도래해 모든 트렌드가 뒤집히는 중이다.

블록체인 덕분에 우리 각자는 신원 명세와 개인적인 데이터를 온전히 소유할 수 있다. 또한 거래를 할 수 있고, 금전과 정보의 결정권자인 강력한 중개 기관의 도움 없이도 가치를 창출하고 교환할 수 있다. 과거에는 소외되었던 수십억 명의 사람이 세계 경제에 동참할 수 있다.

프라이버시를 보호하는 한편, 개인적인 정보를 금전화할 수 있다. 또한 창작자들은 그들의 지적재산권에 대한 대가를 받을 수 있다. 부의 재분배를 통해 사회적 불평등 문제를 해결하기보다는 부의 '분산되는' 방법을 바꾸려 시도할 수 있고, 그에 앞서 부를 창출하는 방법부터 바꿀 수 있다. 그토록 우리가 염원하던 세상이 어느 날 갑자기 우리 앞에 나타난 것이다. 물론 낙관적인 시각에서 볼 때 그렇다는 말이다.

모든 인간은 자유와 평등을 꿈꾼다. 그리고 프라이버시가 지켜지기를 원한다. 그리고 모든 국가가 이를 표방한다. 하지만 현실 속에서 이루어지는 경우는 거의 없다. 블록체인에는 기대할 수 있지 않을까. 최소한 제삼자가 개입함이 없이 정보든 가치(돈을 포함)든 다른 사람을 거치지 않고 신뢰감을 가지고 거래할 수 있기 때문이다.

블록체인 속에 내재되어 있는 몇 가지 원칙

권력이 분산되어 있다

비트코인 블록체인의 네트워크에서는 금전이 지급되는 최초의 거래를 타임스탬프로 처리하고, 이에 뒤따르는 소비를 배제한다. 이런 이유로 하나의 코인으로 두 개 이상의 상대방에게 결제를 할 수 있는 이중소비(Double-spend problem)의 문제를 해결할 수 있다. 또한 누구나 거래가 일어나는 과정을 볼 수 있다. 아무도 거래를 감추지 않으며, 그 누구라도 거래과정을 지켜볼 수 있다. 그 누구도 거래를 숨길 수 없으며, 따라서 비트코인은 현금보다 추적이 용이하다.

비트코인 네트워크는 합의에 이르기 위해 작업증명(Proof of Works)이라는 메커니즘을 활용한다. 참가자들은 누구든 가장 먼저 문제를 푸는 사람이 다음 블록을 만드는 데 동의한다. 채굴자들은 해시(정보의 위변조, 즉 정보의 무결성을 확인하기 위한 방법으로 임의의 문자열을 고정된 길이의 값으로 변환하는 것을 말함)를 찾아 퍼즐을 풀며, 해시를 찾기 위한 자원(연산을 담당하는 하드웨어와 전력)을 소비한다.

해시란 텍스트 파일이나 데이터 파일에 붙은 특이한 지문과도 같다. 채굴자들은 블록을 발견한 대가로 비트코인을 받아간다. 이 퍼즐은 수학적으로 간단한 풀이법을 발견하기가 불가능하다. 일례로 2015년 11월 해시를 찾기 위해 시도한 횟수는 평균 3억 5천만 번이었다고 한다.

인터넷에서는 대부분의 정보가 가변적이고 일시적이다. 또한 정보의 생성 시점과 날짜가 과거 또는 미래의 정보와 핵심적인 연관성이 없다. 하지만 블록체인에서는 비트코인의 움직임이 사용하는 순간부터 네트워크상에 영구히 기록된다. 비트코인이 유효하려면 블록체인의 이력뿐 아니라 비트코인 자체의 이력을 참조해 어긋남이 없어야 한다. 따라서 블록체인은 그 자체로 완전하게 보전되어야 한다.

블록체인은 누구나 프로토콜을 무료로 내려 받아 블록체인 복사본을 보유할 수 있을 뿐만 아니라, 여분의 컴퓨터 처리장치를 채굴을 위해 할당한다. 뒷거래란 존재하지 않는다. 모든 행위나 거래는 네트워크상에 알려져 타당성을 검증받는다. 그 무엇도 중앙의 제삼자를 거치지 않고, 그 무엇도 중앙 서버에 저장되지 않는다. 사람들의 신원정보와 평판을 확인하기 위해 대기업과 정부를 의지하지 않고 네트워크를 신뢰할 수 있다. 역사상 처음으로 우리는 상대방의 행위와 관계없이 거래의 신뢰를 보장받을 자세히 기록된 정보와 플랫폼을 갖추게 되었다.

블록체인의 핵심은 그 어떤 당사자도 시스템을 이끌 수 없다는 데 있다. 또한 감독기관이 특정한 개인이나 그룹을 간신히 배제해도 시스템은 살아남는다. 이 중에서 가장 특이한 것이 바로 화폐의 제조권한의 분산이다. 퍼즐을 풀거나 작업 증명을 처음으로 제출하는 채굴자는 다량의 비트코인을 취득할 수 있었다. 중앙은행, 유동성의 공급을 담당하는 기획재정부 따위는 존재하지 않는 것이다.

블록체인상에서 기존의 제도권 금융에서 소외된 사람들도 참여할 수 있다. 금융시스템에 편입할 수 있을 뿐 아니라, 시스템의 일원으로 참여하여 구입, 차입, 매각 등 모든 경제활동이 가능해진다. 신용평가와 예금잔고 등의 이유로 어느 누구도 배제되지 않는 것이다.

이유는 단 하나다. 네트워크 자체가 결함이 없고, 권력이 분산되어 있기 때문이다. 아무도 나서서 누구를 배제할 수 없도록 설계되어 있기 때문이다. 진정한 평등이 블록체인 네트워크상에서 일어나는 것이다.

개인의 보안과 익명성이 보장된다

블랙체인은 보안 플랫폼을 수립하기 위해 참여자들에게 공개키 기반구조(Public Key Instrument, PKI)를 사용하도록 요청한다. 공개키 기반구조는 '비대칭적' 암호 기법의 진보된 형태이다. 여기에서 사용자들은 서로 달리 작동하는 두 개의 키를 얻게 된다. 하나는 암호화를 위한 키이고, 또 하나는 복호화를 위한 키다. 따라서 비대칭적이다.

그 작동원리를 보면 이렇다. 전자화폐는 파일에 저장되지 않고 암호화된 해시가 지시하는 거래 형태로 스스로를 나타낸다. 사용자들은 그들의 화폐에 암호를 붙여 놓고 이를 직접 거래한다. 이와 같은 보안을 유지하려면 개인의 비밀 키를 비밀로 유지해야 한다. 여기에 보안 기준이 중요해진다. 비트코인 블록체인은 미국국립표준기술국이 내놓은 SHA-256상에서 운영된다. SHA는 미국 국립표준 기술국이 표준으로 채택한 암호 해시 함수로 알고리즘의 내부 구조나 초기 값, 출력 방법 등에 따라서 SHA-224, SHA-256, SHA-384, SHA-512 등으로 구분하고 있다.

이 중에서 SHA-256은 매우 잘 알려지고 제대로 수립된 체제로, 미 연방정보처리표준으로 받아들여진다. 블록 솔루션을 발견하기 위해 필요한 수학적 계산이 여러 번 반복되어야 하는 어려움이 존재한다. 따라서 연산 장비는 퍼즐을 풀고 새로운 비트코인을 벌기 위해 상당한 전력을 소모할 수밖에 없다. 결국에는 가장 긴 체인이 가장 안전한 체인이 되고 만다. 이를 해킹하려면 짧은 체인에 비해 훨씬 방대한 처리 능력이 필요하다.

블록체인의 참가자들은 상당한 수준의 개인적 익명성을 유지할 수 있다. 자신의 ID에 어떤 자세한 정보를 덧붙이거나 중앙 데이터베이스에 정보를 저장할 필요가 없기 때문이다. 블록체인상에서는 개인의 데이터를 저장하는 꿀단지란 존재하지 않는다. 특정한 거래나 환경에서 원하는 정도의 프라이버시를 선택할 수 있을 뿐이다. 즉, 우리의 ID와 이 세상과의 상호교류를 더 잘 관리할 수 있는 것이다.

블록체인은 공적인 반면, 사용자들의 ID는 익명성을 유지한다. 누구나 언제든 블록체인을 볼 수 있다. 블록체인은 거래를 감독하거나 장부를 기록하는 중앙 조직에 저장되지 않고 네트워크상에 존재하기 때문이다. 이는 곧 누가 또는 무엇이 특별한 공용키를 보유하는지 알기 위해, 상당한 양의 데이터를 삼각 측량해야 한다는 의미이기도 하다. 거의 불가능하다고 봐도 무방하다.

블록체인은 감시 사회로 쏠리는 현상을 제어하는 단초가 될 수 있다. 웹사이트를 활용하는 것만으로도 소비자들은 웹사이트 소유자에게 일정한 권한을 부여하게 된다. 그들은 이러한 권한을 위임받아 디지털 정보의 조각들을 개인의 상업적 이익을 위한 자세한 로드 맵으로 변경할 수 있다. 하지만 블록체인에서는 개인 정보를 보호할 수 있다. 오직 사회적, 경제적 교류에서 요구되는 정보만을 당신의 지시에 따라 공개하고, 제삼자에게 가치가 있는 정보를 제공할 경우 확실한 보상을 받을 수 있는 시스템으로 설계되어 있기 때문이다.

권리가 완벽하게 보전된다

인터넷은 새로운 형태의 예술, 뉴스, 엔터테인먼트를 다루는 매체로 자리 잡았고 시, 노래, 이야기, 사진, 음향과 영상물의 저작권이 적용되는 공간이 된 지 오래다. 하지만 결국 이 과정에서조차 우리는 거래를 수행하는 미들맨을 신뢰해야 했다. 인터넷에서는 상대방을 알 수 없기 때문이다. 심지어 내가 거래하고 있는 것이 사람인지 개인지조차 알 수 없다. 인터넷은 신뢰할 수 있는 제삼자가 필요하다. 문제는 제삼자의 태도이다. 그들은 거래를 거부하고, 연기하고, 그들의 계좌에 금전을 유보하거나, 거래를 되돌릴 수 있는 권한을 가지고 있었다.

더군다나 효율성이 극대화되면서 적법한 권리가 무시되는 현상이 벌어졌다. 프라이버시와 보안에 대한 권리뿐 아니라 발언, 평판, 참여에 대한 권리도 타격을 입었다. 사람들은 익명으로 누군가를 검열하고 비난할 수 있었다. 또한 비용을 들이거나 자신의 어떤 것도 희생하지 않고서 타인을 차단할 수 있었다.

블록체인은 그렇지 않다. 블록체인은 개인의 권리를 완벽하게 보전해주기 때문이다. 블록체인상에서는 내 것이 아니면 거래할 수 없다. 실물 자산, 지적 재산권, 일신 전속적 권리 등 모든 것이 마찬가지다. 또한 변호사의 지위, 회사 임원 등의 역할과 같은 대리인의 권한도 거래할 수 없다. 같은 이유로 개인의 표현의 자유, 집회의 자유, 종교의 자유를 억압할 수 없는 것이다.

블록체인은 모든 것을 기록하는 원장으로서, 존재 증명(Proof of Existence)과 같은 툴을 통해 등기부와 같이 활용될 수 있으며, 사이트는 블록체인상의 거래, 소유권, 영수증, 증명서 등을 암호화해 기록한다. 존재증명은 원본 문서를 보관하지 않는다. 문서의 해시는 사용자의 개인 장비에서 계산될 뿐 존재증명 사이트에서 계산되지 않는다. 따라서 콘텐츠의 비밀을 보장할 수 있다. 중앙기관이 존재증명을 폐쇄하더라도 증거가 블록체인상에 남아 있다. 따라서 블록체인은 소유권을 증명하거나 검열이 없는 기록을 유지할 수 있다. 이런 이유로 인터넷처럼 제삼자가 없는 가운데도 권리가 완벽하게 보전되는 것이다.

마운트 곡스 파산의 교훈

비트코인은 죽지 않는다. 다만 거래소가 사라질 뿐이다

2014년 2월 말, 일본에 있는 비트코인 사설 환전소인 마운트 곡스가 거래를 정지했다. 이 글을 쓰고 있는 지금, 한국에서는 거래소 중의 하나인 유빗(youbit)이 파산을 신청했다는 기사가 떴다. 어떻게 봐야 할까 하는 의미에서 이 장을 마련한 것이다.

마운트 곡스가 거래를 정지하자 많은 대중매체는 비트코인 자체가 거래 중지된 것처럼 보도했다. '거래 정지' 혹은 '비트코인의 취약성이 드러나다'는 정도의 제하의 기사였다. 참으로 어처구니가 없는 기사임에 분명하다.

우리나라도 지금 비트코인을 정확히 이해하는 사람이 많지 않다. 그때에 일본도 그랬다. 그런 탓에 많은 사람이 비트코인이 붕괴되었다고 오해했다. 중앙은행도 없이 통화제도를 유지할 수가 없다는 그들의 가치관이나 신념을 확인하는 좋은 계기라고 쾌재를 부르고 있었다.

심지어 사이비 전자화폐였던 엔텐하고 똑같다고 말한 사람도 있었다. 엔텐은 L&G라는 건강식품 판매회사가 2001년에 발행한 전자화폐이다. L&G는 100만 엔을 출자하면 3개월마다 9만 엔을 지급한다는 조건과 함께 가입자를 유치하면 이익을 주는 다단계 수법으로 3만 7천명으로부터 1,260억 엔을 끌어 모은 폰지 사기의 일종이다. 우리나라도 가끔 족보(?)도 없는 코인으로 투기에 눈이 먼 사람들을 현혹하는 사람들이 있으니 주의를 요하는 부분이다.

하지만 팩트는 그것이 아니다. 비트코인과 현실통화를 거래하는 거래소 중의 하나가 붕괴된 것이지 비트코인 자체가 붕괴된 것은 아니었다. 거래소는 비트코인 시스템의 이용자에 불과하다. 절대 운영자가 아니다. 그러므로 마운트 곡스가 문을 닫더라도 비트코인 운영에는 아무런 영향이 없는 것이다.

그것을 증명이라도 하듯이 마운트 곡스가 파산을 했을 때도 P2P를 통한 블록체인 갱신작업은 아무런 지장을 받지 않고 계속되었다. 당연하게도 비트코인 거래 자체는 계속되고 있었던 것이다. 또한 비트코인과 달러와의 교환 가격을 보아도 마운트 곡스의 파산의 영향은 거의 없었다.

마운트 곡스의 사건을 통해서 우리는 두 가지를 알 수 있다.

하나는 마운트 곡스의 사이트가 해커의 공격에 충분히 대비하지 않았다는 사실이다. 마운트 곡스가 아직 충분하게 성숙해진 상태가 아니었거나 혹은 비트코인 성장을 따라잡지 못했음을 암시하는 것이다.

둘째는 해커가 비트코인의 가치를 인정했다는 것이다. 이 세상에서 가치가 없는 것을 훔치는 사람은 없다. 해커는 거래소 하나를 파괴하더라도 비트코인의 가격은 영향이 없다는 것을 알고 공격한 것이다. 씁쓸하지만 해커가 이용자들보다 똑똑한 것은 언제나 진실인 것 같다.

이용자 보호에 정책의 역량을 집중해야 한다

마운트 곡스의 파산으로 고객은 맡겨 놓았던 비트코인을 인출할 수 없게 되었다. 1,000만 엔 단위의 피해를 본 사람도 있었다니 안타까운 일이다. 그러나 비트코인은 어디까지나 지급수단이다. 달러나 엔을 환전해서 비트코인을 얻었으면 즉시 결제에 사용되어야 한다. 왜 비트코인의 형태로 보유하고 있었을까? 혹시 투기 목적은 아니었을까. 하기는 투기와 투자를 어떻게 구분한다는 말인가.

고객 피해 문제로만 돌아가면, 수천만 엔 상당의 비트코인을 마운트 곡스에 맡겨놓았던 것이 더욱 큰 문제이다. 마운트 곡스는 그전부터 신뢰성에 대한 문제를 지적받았다고 한다. 때때로 부정침입이나 시스템 장애, 기능정지 상태가 발생해왔던 것이다. 이미 조금씩 사건이 터지기 전의 전조가 보였다는 것이다. 대체적인 시각은 마운트 곡스의 사업은 1개월 전부터 붕괴되기 시작했다는 것이다.

마운트 곡스의 사건은 역설적으로 비트코인의 견실함을 보여주었다. 중앙은행이 없는 통화가 일개 거래소의 파산과 상관없이 순조롭게 운영되었기 때문이다. 그렇다고 해서 정부가 마냥 손을 놓고 있는 것도 좋지는 않다. 어쨌든 세금을 내고 있는 국민이 자국 내에서 무언가 재산상의 손실을 당했기 때문이다.

그렇다면 정부가 무엇을 해야 할까. 모든 가치에 앞서서 이용자를 보호해야 한다. 마운트 곡스 사건이 일어났을 때 일본정부는 기본적으로 금융기관 등의 관여를 금지함으로써 책임을 회피했다. 이런 점에서 우리나라는 일본을 닮는 것 같다. 거래소 사건이나 암호화폐 관련 사건이 일어날 때마다 '모르쇠'로 일관하고 있었지 않은가. 정말 모르는 것일까.

유빗(Youbit)과 관련된 기사를 한번 찾아보았다. 대체적인 내용은 다음과 같다.

- 정부가 가상화폐 거래소로부터 투자자를 보호하기 위한 조사와 규제를 본격화한다. 그러나 '거래소 파산'이라는 실질적 피해가 발생한 다음에야 움직이기 시작했다는 비난을 피하기는 어렵다. 정부는 암호화폐 거래소가 전자상거래법상 통신판매업 신고 대상에 해당하는지, 거래소 약관 규정에 불공정한 내용이 있는지 등을 점검하기로 했다. 비티씨코리아닷컴(빗썸)과 코인원, 코빗 등 국내에서 운영 중인 가상화폐거래소 13개가 주요 대상이다.

정부는 추가적으로 이용자확인시스템이 차질 없이 가동될 수 있도록 점검·조치할 계획이며, 방송통신위원회 역시 내년에 '정보통신망법' 등을 어긴 거래소에 대해 과징금·과태료 처분 등을 할 방침이다. 정부는 일단 현행법으로 가능한 범위에서 사후규제를 최대한 강화하고, 내년부터 본인확인시스템을 의무화하는 등 보안인증에 집중하기로 했다.

정부의 대책에 대해서 소비자들은 만족하지 못하고 있다. 그동안 고객정보 유출, 홈페이지 해킹, 서버다운 등 각종 문제가 지속됐지만 가만히 있다가 실질적으로, 금전적 피해가 발생되고 나니까 후속대책이 이어지고 있으니 '사후약방문'이라는 것이다.

게다가 이번에 정부가 조사하는 대상 사업자는 총 10여개 사에 불과하다. 현재 국내 가상화폐거래소는 100곳이 넘는다고만 알려졌을 뿐 정확한 숫자는 정부나 가상화폐업계도 모르는 실정이다. 빗썸과 코인원, 코빗, 업비트 등 주요 4개 거래소가 국내 가상화폐 거래의 대부분을 차지하는 것은 맞지만 군소 거래소일수록 보안에 취약해 피해가 커질 수밖에 없다.

또한 관련법규가 마련되지 않은 상태에서 이뤄지는 규제이기 때문에 사실상 임시조치에 불과하다. 이 같은 주먹구구식 대응으로는 언제든 '제2의 유빗 사태'가 발생할 수 있다는 지적이 나온다. 특히 개인 혹은 법인이 통신판매업자로 신고만 하면 거래소를 설립할 수 있어 보안·안전장치를 제대로 갖추지 않아도 제재할 방법이 없다. 제대로 된 투자자 보호규정도 없어 피해가 발생하면 그

몫은 고스란히 고객들에게 돌아간다.

암호화폐 관계자들도 불만은 많다. 그들은 이렇게 말한다.

- 정부가 암호화폐를 금융상품으로 인정하지 않으면서 암호화폐 거래가 이뤄지는 거래소들이 정보보안 규제의 사각지대에 놓여 있다. 보안 문제가 해결되지 않은 상황에서 이뤄지는 정부의 조치는 일시적일 수밖에 없다.

지금의 한국 정부도 옛날의 일본 정부와 비교해서 크게 다른 것은 없다. 거의 판박이 수준이다. 물론 비트코인 자체의 규제가 기술적으로 매우 어려워서 정부가 손을 못 쓰는 부분은 이해할 수 있다. 하지만 그것도 용인할 수 있는 수준이 있는 것이다.

암호화폐를 보유한 사람들이 컴퓨터 사고나 재해 등으로 비밀키(코인을 관리하기 위한 정보)을 분실하면 보유하고 있던 코인을 영원히 되찾지 못한다. 물론 키를 복사하도록 권장하고 있지만, 비트코인을 이용하는 사람들 중 많은 사람이 IT에 대한 지식이 충분하지 못하므로 이를 방치해서는 안 될 것이다.

가장 중요한 것은 정부가 암호화폐에 대한 정확한 정보와 이용 실태를 파악하여 건전한 산업으로 육성하는 대책을 세우는 것이 아닐까 한다. 어쨌든 많은 사람이 이용하고 있고, 그 이용하는 사람들이 국민이므로 이용자를 보호하는 데 모든 정책의 역량을 집중해야 하지 않을까.

암호화폐는 사회를
어떻게 바꾸어놓을까

모든 거래가 컴퓨터로 가능한 스마트 계약

스마트 계약(Smart Contract)이란 블록체인 기반으로 금융거래, 부동산 계약, 공증 등 다양한 형태의 계약을 체결하고 이행하는 것을 말한다. 블록체인 2.0이라고도 한다. 1996년 닉 자보(Nick Szabo)가 처음 제안했다. 그리고 2013년 비탈릭 부테린(Vitalik Buterin)이 비트코인의 블록체인 기술을 이용하여 대금결제, 송금 등 금융거래뿐 아니라 모든 종류의 계약을 처리할 수 있도록 기능을 확장하면서 본격적인 국면을 맞이하게 되었다.

부테린은 기존 비트코인의 소스 코드를 일부 수정하여 스마트 계약 기능을 구현하고자 하였으나, 비트코인 커뮤니티에서 자신의 요구가 받아들여지지 않자 비트코인을 포크(fork)하여 새로 이더리움(Ethereum)이라는 암호화폐를 만들고 스마트 계약 기능을 구현하였다.

포크는 사전적 의미로 갈라지다 또는 나눠지다는 뜻을 가지고 있다. 암호화폐에서 포크는 소프트웨어(SW) 업그레이드를 의미하는 것으로, 크게 하드포크와 소프트포크가 있다. 그중에서 소프트포크는 기존 SW와 호환성을 유지하며 진행한다. 반면 하드포크는 기존 SW와 호환성이 일치하지 않아 포크 이후 예전 SW를 사용할 수 없게 된다.

암호화폐에서 하드포크가 발생하면 이전의 블록체인 노드를 사용할 수 없게 되어 새로운 암호화폐가 파생될 수 있다. 비트코인 하드포크를 통해 새로운 암호화폐를 준비 중인 개발자나 거래소 측은 신규 암호화폐의 거래 활성화를 목적으로 대부분 에어드롭 이벤트를 진행한다. 에어드롭은 특정 시점을 기준으로 해당 암호화폐를 보유중이면 새롭게 등장하는 암호화폐를 무료로 지급해주는 이벤트다.

스마트 계약을 사용하면, 개발자가 직접 계약 조건과 내용을 코딩할 수 있기 때문에 원칙적으로 인간이 상상할 수 있는 모든 종류의 계약을 이더리움 플랫폼을 이용해 구현할 수 있다. 다만 솔리디티(Solidity)라는 자바 기반의 독립적인 프로그래밍 언어를 알아야 하기 때문에 프로그래머가 아닌 일반인들이 직접 스마트 계약의 조건과 내용을 코딩하기는 어렵다.

우리나라에서는 2017년 4월 삼성SDS㈜가 이더리움의 스마트 계약 기능을 참고하여 기존 비트코인의 블록체인 안에 이더리움 가상머신(Ethereum Virtual Machine)을 구현하는 방식으로 자체 스마트 계약 기능을 갖춘 넥스레저(NexLedger) 플랫폼을 개발했다.

스마트 계약은 원리적으로 컴퓨터가 이해할 수 있는 계약, 즉 인간이 개별적으로 판단할 필요도 없이 미리 정해진 규칙에 따라 자동으로 실행할 수 있는 계약이라면 어떤 거래든 상관이 없다. 스마트 계약의 일반적인 목표는 일반적인 계약(지급 조건, 담보, 비빌 유지 조

항, 강제 집행)을 충족시키며, 악의적이고 돌발적인 예외 사항 및 제
삼자에게 의지할 필요를 최소화할 수 있다. 부정행위로 인한 손실,
중재 및 집행 비용, 기타 거래비용을 낮추는 것 또한 이와 관련한
경제적 목표가 될 수 있다.

주식이나 채권도 증권회사를 거치지 않고 거래

자산을 가진 사람들끼리 스마트 계약을 통해서 자원을 끌어 모
으고, 블록체인상에서 주식회사를 설립할 수 있다. 회사의 정관은
계약 속에 명문화되어 소유자들의 권리를 명확히 상술하며, 권리
를 집행하는 근거로 쓰이게 된다. 더불어 대리인 고용계약은 매니
저들의 결정권한을 명시해 대리권의 범위와 본인의 동의 없이 불가
능한 행위를 기술한다. 계약은 압류되거나 정지되거나 다른 비트
코인 주소로 이전될 수 없다. 서명된 계약을 매체로 사용하는 지
점으로부터 임의의 비트코인 네트워크 노드로 전송하면 그때부터
효력이 발생한다.

스마트 계약을 통해서 일반적인 금융자산도 거래할 수 있다. 주
식이나 채권 등에 대해 분산시장을 만들어서 증권회사를 거치지
않고 개인이 직접 매매할 수 있다. 구체적으로 2014년 3월에 아일
랜드에서 일어난 '컬러드 코인(유색코인)'이라고 부르는 계획이 이 구
상을 실현하려고 시도하고 있다. 이것이 실현된다면 증권 비즈니
스는 크게 달라질 것이다. 전 세계 사람들이 증권회사나 증권시장

을 거치지 않고 직접 거래할 수 있게 된다. 그동안 중개자들이 법무, 규제, 정보, 권력의 비대칭을 이용해서 스스로 창출한 부가가치보다 더 많은 대가를 요구하던 것이 사라지거나 축소되므로, 거래비용이 현저히 낮아지게 되는 것이다.

그뿐 아니라 비트코인을 기초 자산으로 삼는 파생금융상품도 만들 수 있다. 많은 사람이 비트코인 가격 상승을 예상하는 상황에서는 가격 하락을 헤지하는 파생금융상품을 만들 수도 있다. 이를 통해서 비트코인을 거래에 사용할 경우에 보유하는 동안에 가격이 내려가는 문제를 해결할 수 있다. 많은 사람이 그동안 비트코인 가격 급등락에 따른 불안정 때문에 시장 진입을 기피해 왔는데, 이 문제가 해결된다면 암호화폐의 시장은 엄청나게 확장될 것이다. 블록체인을 기반으로 하는 파생상품을 만들어서 암호화폐의 가격 변동을 보완한다는, 정말 꿈에 그리던 해결 방법이 스마트계약을 통해서 해결할 수 있다는 것이다.

미들맨이 필요 없는 에스크로를 실현한다

블록체인을 기반으로 하면 에스크로(Escrow : 제삼자가 판매자와 구매자 사이에서 거래를 중개함으로써 거래의 안정성을 보장하는 장치로 부동산에서 많이 활용됨)의 불편한 점을 해소할 수 있다. 에스크로가 전자상거래에 많이 이용되면서 몇 가지 문제점이 발생하였다. 우선 판매자의 입장에서 보면 상품을 보냈는데 돈이 들어오지 않을 위험이 있다.

반대로 구매자의 입장에서는 돈을 보냈는데 상품이 오지 않거나 혹은 불량품이 올 수도 있다.

이 문제를 풀기 위해서는 신뢰할 수 있는 제삼자를 중간에 두고 구입 대금을 예탁하는 방법을 사용한다. 구매자가 대금을 예탁하면 판매자는 상품을 발송한다. 그리고 구매자가 상품을 받아서 이상이 없음을 확인하면 제삼자는 예탁 받은 대금을 판매자에게 보낸다. 이것이 지금 우리가 사용하고 있는 에스크로 제도이다.

에스크로 때문에 판매자와 구매자가 모두 신뢰감을 가지고 안정적으로 거래를 할 수 있다. 문제는 이 시스템에서는 신뢰할 수 있는 제삼자가 필요하다는 것이다. 이를 미들맨이라고 부른다. 미들맨은 봉사하지 않는다. 반드시 대가를 요구한다. 즉 비용이 들어간다는 말이다. 또한 미들맨은 신이 아니기 때문에 파산할 수도 있다. 만약 미들맨이 파산을 하면 예탁금을 허공에 날리게 된다. 고스란히 구매자에게 손해가 전가되는 것이다.

그런데 스마트 계약을 통하면 판매자와 구매자가 직접 연결되기 때문에 미들맨이라는 제삼자가 없어도 판매자와 구매자 모두 만족하는 거래를 할 수 있게 된다. 제삼자가 필요 없게 되므로 비용이 줄어든다. 미들맨의 파산 같은 문제도 생기지 않는다.

소유권 이전이 빠르고 정확하게 이루어진다

스마트 소유권은 자동차나 전기제품 같은 내구소비재나 부동산

등의 소유권 이전을 비트코인 시스템으로 하자는 구상이다. 스마트 소유권의 기반이 되는 기술은 이미 존재한다. 자동차의 이모빌라이저(immobilizer)가 그것이다. 열쇠에 암호기술이 있기 때문에 복사한 열쇠로는 문만 열 수 있을 뿐이지 시동은 걸지 못한다. 다만 소유권을 간단히 이동시킬 수 없으므로 현재의 형태로는 스마트 소유권이라고 할 수 없다. 이모빌라이저의 암호를 비트코인과 똑같이 공개 키 암호형식으로 만들고 비트코인 시스템의 거래대상을 코인이 아니라 자동차로 바꿈으로써 블록체인을 이용해 거래할 수 있게 한다.

그리고 스마트폰을 대시보드에 가까이 대서 정당한 소유자임이 확인되면 시동이 걸린다. 정당한 소유자가 아니라면 당연히 자동차를 사용할 수 없다. 이 시스템을 상용하면 소유권을 이전하기 위해 지금처럼 번잡한 서류작업을 할 필요가 없게 된다. 이것이 실현되면 렌터카 시스템도 간단해진다. 일정한 시간만 소유권이 이전하도록 계약하면 그만이기 때문이다.

자동차뿐 아니라 에어컨이나 텔레비전, 냉장고에도 적용할 수 있다. 이런 것들을 원격적으로 조작하는 사물인터넷(IoT; Internet of Thing)이 기술적으로 가능해졌기 때문에 비트코인의 시스템으로 소유권을 이전할 수 있다. 부동산 임대도 이 기술로 처리할 수 있을 것이다. 집세를 내지 않으면 문이 열리지 않는 방식이다.

스마트 소유권이 일반화되면 지금은 존재하지 않는 거래도 가능해진다. 가령 개인이 보유한 내구재를 담보로 대출할 수 있게 되며, 이에 따라 소유권에 대한 대부도 쉬워진다. 현재의 소비자금융에서는 개인의 신용이력이 필요하다. 신용이력이 나쁘면 돈을 빌려주지 않거나 매우 높은 금리를 적용한다. 그러므로 소득이 낮은 사람은 빈곤의 악순환에 빠진다.

이것은 미국사회에서 커다란 문제가 되었으며, 일본에서도 사회문제가 되었다. 신용이력이 나쁘면 높은 금리의 대출밖에 이용할 수 없으며, 높은 금리를 감당하지 못해 대출금이 불어나는 악순환에 빠진다. 이 문제는 일정 이상의 금리를 금지함으로써 표면화되지 않게 되었지만 문제가 본질적으로 해결된 것은 아니다. 대출수요는 존재하기 때문이다. 담보권을 쉽게 실행할 수 있다면 좀 더 낮은 금리를 적용받을 수 있다.

스마트 소유권이 빨리 현실화되어 오랫동안 우리 앞에 군림한 금융 산업 종사자와 그 시스템의 횡포에서 벗어날 수 있기를 기대해본다.

분산형 자율기업이 현실로 다가온다

IT 혁명이 진행되었음에도 본격적인 정보처리의 자동화는 일어나지 않았다. 인터넷 등의 발달로 속도가 빨라지고 일거리가 줄어들었을 뿐이다. 그런데 블록체인을 기반으로 하여 정보처리의 세계에 자동화를 도입할 수 있다. 그전에는 블루칼라 업무에 자동화가 도입되었다면, 이번에는 화이트칼라 업무에 자동화가 도입되는 것이다.

이와 같이 블록체인을 기반으로 하여 조직의 운영을 자동화하려는 것을 분산형 자율기업(Decentralized Autonomous Corporation, DCA)이라고 부른다. DAC는 중앙집권적인 최고관리자가 없어도 기능하는 조직이다. 이는 '비잔티움 장군 문제'라는 어려운 문제를 해결하기 위한 방식이다. 비잔티움 장군의 문제는 그룹의 일부에 배신자가 있을 때 혹은 정보 전달을 신뢰할 수 없을 때, 어떻게 해야 올바른 합의에 도달할 수 있을까 하는 문제로 대부분의 조직에서 풀기 어려운 문제 중의 하나였다.

하지만 블록체인 기술을 이용하면 조직을 높은 수준으로 구조화시키고 효율적으로 관리할 수 있기 때문에 이런 문제를 해결할수 있다. 대체적인 방식은 이렇다. 어려운 계산문제를 부과하여 이문제를 처음으로 푼 사람이 발언을 하면 그들은 전체적으로 합의에 도달할 수 있다. 발언이 받아들여지려면 계산을 해야 한다. 장군들을 교란하기 위해서는 서로 다른 메시지에 대응하는 두 개의 값을 찾아내야 하므로 정직한 장군보다 약 두 배의 시간이 걸린다.

그러므로 악의를 품은 자의 발언이 제일 먼저 도달하기는 거의불가능하다. 비트코인 시스템에서는 최초로 정답을 찾아낸 컴퓨터만이 그 결과를 네트워크에 전송할 수 있다. 그 사람의 의견이 전체의 의견이 되는 것이다. 이렇게 하면 배신자의 문제나 정보전달의 신뢰성 문제 등은 발생하지 않는다. 이런 과정은 관리자가 없어도 기능할 수 있는 시스템으로 발전할 수 있다.

월급이 아니라 초 단위로도 보수를 받을 수 있다

분산형 자율기업은 모든 사물과 모든 사람이 스마트 계약에 내재된 특정한 규칙과 절차에 따라 작동한다. 조직에서 특별히 고용하거나 구축하기로 결정하지 않는 이상 CEO, 경영체제, 관료체제가 존속할 수 없다. 임원들의 과도한 보너스 지급과 같은 문제는 발생하지 않는다. 모든 인력과 협업 기관들은 스마트 계약에 따라 업무를 수행한다. 그들은 특정한 업무를 수행하는 즉시 대가를 지급받는다. 월급이 아니라 일별, 시간별, 심지어 초 단위로도 급여를 받을 수도 있다.

소비자들은 피드백을 줄 수 있다. 기업은 이러한 소비자들의 피드백을 자동적, 즉각적으로 적용해 방향을 수정할 수 있다. 내부통제만으로 이루어지는 조직에 비해 훨씬 역동적이고 투명하고 문제해결 능력이 향상된다. 소비자들의 의견이 실시간으로 경영에 반영될 수 있기 때문이다. 주주들은 배당금을 수시로 수령할 수 있다. 실시간 회계보고가 연말보고서를 무의미하게 만들기 때문이다.

따지고 보면, 블록체인 자체가 DAC라고 할 수 있다. 비트코인의 보유자는 주주이며 채굴자는 종업원이다. 채굴자는 비트코인 시스템을 유지하는 서비스(채굴)를 하고 보수를 받는다. 업무 방법은 비트코인 프로토콜에 적혀 있다. 그것은 이중사용을 인정하지 않는다. 마이너스 잔액에서는 출금할 수 없다. 분기(fork)가 되었다면 긴 체인을 선택한다는 등의 규칙이다. 또 채굴자의 보수(채굴로 얻은 액

수, 수수료)나 작업 증명 난이도도 여기에 적혀 있다.

주주인 이용자가 비트코인을 사용하지 않으면 시스템은 쓸모가 없어진다. 그러므로 그들이 얼마나 사느냐, 얼마나 파느냐가 기본적인 의사결정이다. 그들이 상황판단을 바탕으로 결정을 내린다. 그리고 그 결정에 따라 자신들이 가지고 있는 비트코인이라는 주식의 가치가 정해진다. 중요한 점은 의사결정을 하는 비트코인의 보유자가 전 세계에 분산되어 있다는 사실이다. 요컨대 조직의 경영자가 분산되어 있다는 말이다.

특정인이나 특정집단들이 조직을 좌지우지할 수 없다는 말이다. 어쩌면 가장 민주적인 조직인지도 모른다. 정치적으로 말하면 직접민주주의 형태라고나 할까.

조직 관리자를 컴퓨터의 프로토콜로 대체하고 기업 조직을 자동화한다는 것은 우리의 상식을 완전히 뒤엎는 발상이다. 하지만 비트코인은 여전히 기능하고 있으며, 이미 금융기관도 무시하지 못하는 단계에 이르렀다. 따라서 DAC를 현실의 경제활동과 전혀 상관이 없는 꿈같은 소리로 치부할 수는 없다. 완전히는 아니지만 어느 정도 현실에서 DAC가 나타날 것이다. 아니 이미 부분적으로 금융기관을 중심으로 DAC를 도입하고 있다고 한다.

만약 DAC가 실현된다면 화이트칼라의 양극화가 진행될 것이다. 한쪽에는 DAC를 만들고, 여기에 지령을 내리는 사람이 있다. 한편으로는 금융기관의 투자은행 업무처럼 DAC로는 처리할 수 없는 업무에 종사하는 사람이 있다. 그리고 다른 한쪽에는 DAC에 사용당하는 사람이 있다. 이들의 소득격차는 크게 벌어질 것이다. 어쩌면 인터넷시대보다 더 많은 소득격차가 벌어질지도 모른다. 블록체인의 그림자 같은 것이다.

경영인들이 사라지는 홀라크러시(Holacracy)가 구현된다

3차 산업혁명까지 기업 경영은 예측과 통제(predict and control) 방식으로 이뤄졌다. 카리스마 넘치는 CEO와 전문 경영진이 계획을 수립하면 수직적인 조직이 이를 일사불란하게 실행하는 경영이었다. 우리나라를 대표하는 두 기업이 바로 관리의 삼성, 불도저의 현대다. 지금까지는 우리나라에서 가장 효과적인 경영 플랫폼이었다. 미국의 경우도 IT 기업들이 기술적인 혁신은 이루었지만 경영 방식에 있어서는 오히려 더 후퇴했다고 할 정도로 자율경영은커녕 CEO가 해고를 밥 먹듯이 하는 방식을 유지하고 있다.

그러나 앞으로 세계 시장은 예측과 통제가 불가능할 만큼 기술 발전과 융합의 속도가 빨라지고 시장 환경이 역동적으로 변화할 것으로 예상된다. 슬프게도 더 이상 이대로는 안 된다는 것이다. 더욱 우리를 곤혹스럽게 만드는 것은 모든 사람이 4차 산업혁명의 '기술'에 주목하고 있다. 하지만 정작 중요한 것은 경영 플랫폼을 어떻게 가지고 갈 것이냐의 문제이다. 4차 산업의 중심에도 여전히 인간이 있기 때문이다.

홀라크라시(Holacracy)가 요즘 세간의 관심이 되고 있다. 홀라크라시는 조직 구성원들이 주도적으로 문제를 해결하는 창의적이고 유연한 경영 체계를 뜻하는 자율경영(self-management)의 하나이다. 사실 새로운 개념이 아니다. 이미 경영 이론의 대가 피터 드러커(Peter Drucker)와 프레데릭 라루(Frederick Laloux)가 기업의 창의성, 자율성, 문제해결 능력을 극대화하는 방법으로 자율경영의 필요성을 이야기한 지는 상당히 오래되었기 때문이다. 다만 현실적으로 이루어지는 데는 여러 가지 제약이 있어서 구현하지 못했던 것이다.

홀라크라시는 전체를 뜻하는 그리스어 'holos'와 통치를 뜻하는 'cracy'가 합쳐져 만들어진 개념이다. 홀라크라시를 자율경영 이론 중에서 가장 널리 알려지고 가장 구체적인 시스템이라고 옹호하는 사람들이 늘어나고 있다. 이런 추세를 반영한 탓인지 2017년 현재, 자포스 뿐만 아니라 전 세계 수십 개의 나라 1천 개 이상의 영리, 비영리 조직에서 홀라크라시를 경영 시스템으로 사용하고 있다고 한다.

홀라크라시는 기업의 창의력, 역동성, 문제해결 능력을 높이기 위해서는 관리자를 없애야 한다고 말한다. 그동안의 경영에서 관리자가 핵심이었는데 관리자를 없애라는 것은 혁명에 가까운 발상이다. 관리자를 없애고 모든 구성원이 명확한 권한과 책임을 갖고 자율적으로 회사의 운영에 참여하는 방식이다. 경영자가 독점하던 권한과 책임은 마치 국가의 헌법처럼 명문화된 규약인 '홀라크라시 헌장(constitution)'에 이양하고, 모든 구성원은 이 규약이 명시한 규칙과 시스템에 의해 권한과 책임을 분배받아 조직을 운영하는 것이다. 헌장은 변화하는 환경에 맞춰 모든 구성원의 집단지성을 활용해 수정되고 보완하며 진화한다.

이렇게 되면 기업은 더 이상 상명하복으로 움직이는 기계가 아니라 내외부의 변화에 상호작용하면서도 독립적으로 활동하는 유기적인 개체로 진화한다. 또한 CEO와 관리자는 과중한 업무와 책임에서 벗어나 조직의 미래를 위해 창조적 에너지를 사용할 수 있다. 그와 동시에 현장의 직원들은 실제적 권한을 갖고 업무를 능동적으로 처리할 수 있다.

그런데 묘하게도 블록체인 기술 대부분의 내용이 바로 이 홀라크라시를 구현하는 방법이라는 것이다. 홀라크러시의 다양한 개념 중에는 전통적인 직업이 아닌 다이내믹한 역할, 위임된 권한이 아닌 분산된 권한, 사무실에서의 정치가 아니라 투명한 규칙, 대규모 조직 개편이 아니라 재빠른 재생 등이 포함되어 있다. 이 모든 것은 어찌 보면 블록체인이 작동하는 방법을 나타내고 있는 것이다. 블록체인 기술을 이용하여 홀라크러시 헌장을 만들고 그 헌장을 계속 수정하고 보완하고 피드백을 한다면, 인간이 만든 가장 구체적인 시스템인 홀라크러시가 조기에 그리고 광범위하게 파져나가지 않을까 하는 생각을 해 본다.

다산은 〈지식경영법〉이라는 책에서 이렇게 말했다.

전에 없던 새것은 없다. 모든 것은 옛것의 기초 위에서 이루어진다. 좋은 모범을 찾아라. 훌륭한 선례를 본받아라. 하지만 그대로는 안 된다. 바꿔야 한다. 현실에 맞게 고쳐라. 실정에 맞게 변경해라. 불필요한 것은 걷어내고, 안 맞는 것은 버리고, 없는 것은 보태고, 부족한 것은 채워라. 내가 옛것에서 배울 것은 생각하는 방법뿐 내용 그 자체는 아니다. 옛 사람의 발상을 빌려와 지금에 맞게 환골탈태(換骨奪胎)하라. 점철성금(點鐵成金). 쇠를 두드려 황금을 만들어라. 옛길을 따라가지 마라. 나만의 색깔로 나만의 목소리를 낼 수 있어야 한다.

블록체인 기술로 바꿀 수 있는 것들이 너무 많다.

평등한 부의 분배가 가능해진다

수많은 사람이 블록체인 기술을 통해서 풍요의 주인이 될 수 있다. 글로벌 금융시장에의 접근이 가능해지고, 기존의 제도권 금융으로부터 푸대접을 받거나 배제를 당했던 사람들이 다시 금융시장에 편입될 수 있다. 비단 개인뿐만 아니라 나라도 마찬가지이다. 기존의 금융시스템은 한 번의 실수로 영원히 금융시장에 발을 못 붙이는 구조가 일반적이었다. 이유는 단 하나다. 그들이 지나치게 안전하게 고수익을 얻고자 하는 욕심 때문이었다.

하지만 블록체인은 과거를 묻지 않는다. 오직 현재를 묻는다. 그리고 다른 사람의 평판이나 신용 따위도 묻지 않는다. 오직 내가 지금 현재, 블록체인 네트워크상에서 무엇을 가지고 있는지가 중요하다. 많이 가지고 있다고 무슨 특별한 대우가 있는 것도 아니다.

어쨌든 방대한 투자기회가 생겼다. 이런 이유로 기존 방식에 따른 투자에서부터 대규모 벤처, 소규모 대출, 블록체인 주식 공개 상장, 평판을 기반으로 하는 소액대출 참여에 이르기까지 자본조달의 문턱이 훨씬 낮아질 수 있다.

P2P 크라우드 소스 블록체인 금융이 도입되면서 크라우드 펀딩 금액은 엄청나게 늘어나고, 앞으로는 더 그럴 것이다. 개인들은 크라우드 펀딩을 통해서 소액을 기부할 수 있다. 1억 명이 1달러를 기부하는 캠페인을 실시한다고 생각해보라. 기부하는 각 개인은 아주 적은 금액이지만 전체는 어마어마한 금액이 되는 것이다. 이게 바로 블록체인이 가지고 있는 마법인 것이다.

예측시장 플랫폼 오거는 전 세계 수천 명을 상대로 소액을 출연받아 수백만 달러를 펀딩하는 데 성공했다고 한다. 가능성은 엄청나다. 블록체인 주식 공개 상장은 모금의 효율성과 능률을 개선하고 발행자의 비용을 저감하는 것뿐 아니라, 모금의 대상을 광범위하게 넓힐 수 있다. 이 때문에 상상할 수도 없는 규모의 투자자들을 모집할 수 있는 것이다.

오늘날까지 많은 정책 입안자는 소득과 부의 불평등을 해소하려고 노력하고 있다. 이들이 쓰는 수단은 부자 증세와 강제 수용 사이에서 갈팡질팡하고 있다. 어쨌든 선거를 치러야 하기 때문에 그들은 유권자들의 눈치를 볼 수밖에 없다. 효과적인 정책이 나오지 않는 이유 중의 하나다. 또 효과적인 정책이 나왔다고 해도 이런저런 이유로 집행이 더디거나 연기되곤 한다.

하지만 블록체인은 사회가 창출한 부를 평등하게 나눌 수 있는 다양한 방법들을 펼칠 수 있는 훌륭한 플랫폼이다. 곧 모든 것이 이 블록체인을 통해서 바꾸어질 것으로 기대해본다.

정치를 국민이 원하는 수준으로 바꿀 수 있다

조선은 민본을 기치로 건국되었다. 백성을 위하는 나라를 만들겠다는 건국자 이성계의 뜻을 반영하여 조선이 세워졌다는 뜻이다. 백성의 안녕을 위하는 게 무엇일까. 가장 중요한 것이 소통이다. 그러기에 도성을 만들고 문을 만든 것이다. 높은 담벼락으로 만들어진 도성에 문이 없다면 소통의 통로도 없는 셈이다.

체제의 안녕을 위해서 도성을 만들었고, 여러 가지 목적으로 도성은 성벽을 포함할 수밖에 없다. 여기에서 벽은 임금의 통치이념 혹은 통치수단이 될 수 있다. 좀 더 개념을 확장하면 지배층이 백성을 다스리는 도구라고 할 수 있는 것이다. 그들이 그들만의 논리나 당위성을 내세워서 문이 가지고 있는 소통이라는 기능을 말살하거나 좁혀 버린다면 문의 공간 속으로 스며들어야 하는 백성의 생각이나 바람은 무시되어 버린다. 무시되어 버린 만큼 백성은 고통스러운 것이다.

장자는 무위에 도달하여 무형과 무용을 이룬 상태를 심재(心齋)라는 심리적 작용에 유추하여 설명하였다. 심재란 한 마디로 텅

빈 마음으로 사물에 응대하는 것이다. 마음을 비움으로써 모든 것을 받아들일 수 있는 자유 상태에 도달할 수 있다. 마음을 비워 만물을 받아들일 수 있게 하는 경지가 심재이다. 심재는 공간을 비움의 상태로 정의하라는 교훈에 대응된다. 나를 비운다는 것은 스스로 적합한 것에 따라 적합해지는 것을 의미한다. 이것은 자유 상태에 도달하기 위한 첫 번째 전제이다. 스스로 적합해지면 스스로 얻고자 하는 바를 얻게 되는 것이다.

조선이라는 나라가 과연 그랬을까. 통치자나 지배계급이 스스로를 비워서 자유 상태에 도달했을까. 성벽이라는 공간적인 개념에만 치중하여 문이라는 요소를 소홀히 하지는 않았을까. 그 문에서 통치자와 지배계급이 자유를 얻고, 그 자유가 결국 조선을 세운 근본목적인 민본(民本)이라는 가치에 도달했을까. 그랬더라면 조선은 망하지 않았을 것이다. 남쪽의 왜와 북쪽의 청에 호된 시련을 당하지 않았을 것이다.

나라의 근본은 백성이다. 근본에 충실하지 않으면 나머지는 모두 곁가지에 불과하다. 껍데기가 되는 것이다. 조선이라는 거대한 나라도 결국 껍데기만 남고 사라져버렸다. 처음에는 민본(民本)으로 갔으나 시간이 지나면서 백성의 삶을 돌아보지 않았기 때문이다. 껍데기는 화려하면 화려할수록 치명적으로 슬프고 허망하다. 그게 껍데기의 운명인 것이다.

이는 비단 우리나라뿐만이 아니다. 미국도 마찬가지다. 에이브러햄 링컨은 1863년 게티즈버그 연설에서 이 사회의 가장 큰 목표는

'국민의, 국민에 의한, 국민을 위한 정부'라고 했다. 그로부터 118년 후에 레이건 대통령은 취임연설에서 이렇게 말했다.

- 정부는 우리의 문제를 해결해주지 않습니다. 정부 '자체가' 문제입니다.

그렇다. 정치단체가 국민의 뜻을 반영하거나 인권을 보호한다고 생각하는 시민은 점점 줄어들고 있으며, 이러한 단체들이 그들의 권위를 남용할수록 더 많은 시민은 그들의 적법성과 진정성을 의심하게 된다. 정부는 무엇을 해야 하는가? 자본주의를 번영으로 이끌 수 있는 국가 체계와 법률을 만들고 정리하고 강화해야 한다. 하지만 전 세계적으로 젊은이들을 중심으로 점점 더 정부와 민주주의 이외의 수단을 통해서 변화를 추구하고 있다. 더 이상 정부와 민주주의를 신뢰하지 못하기 때문이다.

블록체인 기술이 이 사회가 거버넌스, 독립, 시민의 의무와 같은 주제에 접근하는 방식을 상당히 바꾸어 놓을 수 있다. 우선 시민들은 프라이버시를 보장받은 채 참여가 가능하고, 이로써 참여기능이 높아진다. 권위주의적 정부는 이런 현상을 싫어할지 몰라도 민주주의를 위해서는 바람직한 일이다. 왜냐하면 정부기관들이 반대의견을 검열하고, 억누르고, 쫓아가기가 더욱 힘들어지기 때문이다.

이와 동시에 블록체인 기반 평판시스템은 토론의 질을 높이고, 트롤(Troll : 온라인 환경에서 폭력적이고 독설적인 익명의 이용자)과 방해꾼의 숫자를 줄이며, 모든 발언이 정확하고 삭제 불가능하게 기록되었는지 보장할 수 있다. 승자와 승리에 기여한 자들에 대한 보상이 있는 경우, 협상은 암호화폐를 통해 더욱 뚜렷하고 즉각적으로 변해갈 수 있다. 다양한 스마트 계약이 시민과 단체들 사이에서 체결되어 모든 사람이 전반적인 과정에서 담당하는 역할을 뚜렷이 할 수 있다.

정부와 민주주의를 블록체인상으로 옮기는 과정에서 모든 사람이 나름의 역할을 담당할 수 있다. 우선 불필요한 중복업무와 낭비되는 시간을 제거하고, 새로운 민주주의 절차에 참여하거나 투표권을 행사하고, 판정단으로서 활동하고, 세금이 어디에 쓰이고, 대표자가 어떻게 투표하는지 알 수 있는 무한한 기회가 존재한다. 선출된 대표자들은 전면에 나와 스마트계약을 체결하고 이행하는 리더십을 보여주어야 한다. 진실성에 아무런 거리낌이 없다면 블록체인 평판시스템을 거부할 이유가 없다.

조선이 민본주의를 말로만 표현하지 않고 실천했더라면 위대한 조선으로 남았을 것이다. 미국도 게티즈버그의 연설처럼 '국민의, 국민에 의한, 국민을 위한' 정부를 실천한다면 정부 자체가 문제라는 레이건 취임사도 없었을 것이다. 하루가 다르게 총기사고가 일어나는 미국을 지켜보면서 지금의 미국이 에이브러햄 링컨이 게티즈버그에 말한 그 미국이었는지 묻고 싶은 것이다.

제2부

암호화폐에 대한
알. 돈. 잡. 사
(알고 보면 돈이 되는 암호화폐 잡학사전)

비트코인은
누가 만들었는가?

　비트코인은 사토시 나카모토(Satoshi Nakamoto)라는 사람이 2009년 1월 11일 1시에 인터넷에 〈Bitcoin: A Peer-to-Peer Electronic Cash System : 개인 간 전자화폐 시스템)이라는 논문을 인터넷에 올리면서 시작이 되었다. 사토시가 실존하는 인물인지에 대해서는 어떠한 단서도 존재하지 않는다. 그래서 사토시가 누구인지에 대한 설이 분분하다. 첫째, 어떤 개인을 지칭하는 것이 아니라 암호화폐를 개발하는 그룹에 대한 통칭이라고 보는 것이다. 비트코인의 기본 개념이 분산화, 탈중앙화이므로 혹시 모를 신변의 위험에 대비해서 가상의 인물로 그 위험을 돌려버릴 수도 있다.

　둘째, 어떤 개인 또는 팀이 아니라 어느 국가나 대형조직이라고 보는 설이다. 자신의 자산을 더 보호하고 암거래에서 원활하게 사용하기 위해 만들었다는 설도 있다. 비트코인이 초기에 마약거래 등에 사용되었기 때문에 이런 주장이 나오는 것 같지만 대체로 타당성은 떨어진다고 봐야 한다.

셋째, 비트코인 개발에 참여한 두 번째 개발자 마르티 말미(Marti Mali)라는 설이다. 비트코인 개발자로 유력한 후보 중의 하나이다. 지금도 비트코인을 공식적으로 배포하는 사이트인 bitcoin.org와 비트코인 개발자들과 사용자들의 커뮤니티인 bitcointalk.org의 도메인 소유자이다.

어쨌든 2009년 11월 19일 사토시가 자신의 블로그에 비트코인 구상에 관한 9쪽 짜리 논문을 발표한 것이 그 시작이라고 할 수 있다. 그리고 2010년 12월 13일 새벽 4시를 마지막으로 그는 자취를 감추어버린다. 언제 나타날지는 아무도 모른다.

인터넷도 이와 비슷하다. 인류의 삶을 혁신적으로 바꾸었지만 정작 인터넷을 개발한 사람은 누구인지 알 수 없는 것이 현실이다. 여러 사람이 구상하고 발전하는 가운데 오늘날 우리가 사용하는 인터넷이 모습을 갖춘 것으로 보아야 할 것이다. 비트코인도 이와 비슷하지 않을까.

비트코인은 어디에
사용하는 것일까?

비트코인은 인터넷상에서 발행, 거래되는 암호화폐(cryptocurrency)의 한 종류이다. 보통은 디지털 화폐, 가상화폐라고 부르기도 하지만 암호화폐가 정확한 말이다. 가상이라는 말 때문에 많은 오해가 생긴다. 진짜가 아니라는 말처럼 들린다. 마치 인공지능이 진짜 지능이 아니라는 것처럼 말이다. 하지만 지폐나 동전과 같은 법정통화와 똑같이 사용하는 것이 가능하다.

다만 지폐나 동전처럼 물리적인 형태가 아닌 인터넷상에서 존재하며, 안전한 거래를 위해 암호화 기술을 사용하고 있기 때문에 '암호화폐'라고 부르는 것이다. 다시 말하면, 마피아 같은 조직이나 IS 같은 테러집단이 비밀리에 사용하는 통화가 아니라는 말이다.

도대체 이 비트코인으로 무엇을 할 수 있을까? 그걸 알고 나면 조금은 실제적인 느낌이 다가올 것이다. 비트코인은 아메리카, 유럽, 중국, 동남아시아 등 많은 국가에서 사용되고 있다. 우리가 늘 사용하고 있는 돈과 같은 실체적이고 물리적인 형태는 아니지만 '돈'의 기능으로 달러나 유로, 그리고 엔처럼 사용할 수 있는 것이다.

비트코인으로 투자할 수 있다

첫째로 비트코인을 매매하여 이익을 얻는다. 즉 투자의 수단으로 활용할 수 있는 것이다. 이 부분이 비트코인의 사용처 중에서 가장 큰 비중을 차지한다. 일본에서는 이미 10여 개의 '가상화폐거래소'가 있다. 우리나라도 '빗썸'을 필두로 하여 몇 개의 가상화폐거래소가 있으며, 요건만 갖추면 만들 수 있기 때문에 더욱 늘어날 것으로 보인다. 하지만 거래소를 설치, 운영하는 비용이 만만치 않기 때문에 우후죽순처럼 늘어나지는 않을 것이다. 최근에 정부는 거래소를 규제하기 위해 여러 가지 방안을 모색하고 있다.

여기에서 비트코인을 매매할 수 있는 것이다. 비트코인뿐만 아니라 이더리움 등 다른 많은 암호화폐도 거래된다. 당연하게 비트코인의 가격이 낮을 때 매입해서 가격이 오른 시점에 팔면 그 차액을 이익으로 얻을 수 있다. 대부분 투자는 돈이 있는 사람들만 하는 것이라고 생각하기 쉬운데 비트코인의 경우에는 수천 원부터 매매가 가능하다. 청소년들도 이 시장에 뛰어들 수 있는 것이다.

삼포 혹은 오포 세대 등으로 총칭되는 일자리가 없는 청년층, 아이들 양육비로 수입을 지출하는 부모 세대, 심지어 노후자금을 확보하지 못해 미래가 불안한 노인들도 투자할 수가 있는 것이다. 투자에 대한 진입장벽이 낮아도 너무(?) 낮은 것이다.

비트코인 투자의 매력은 또 다른 곳에 있다. 주식은 종목을 선택하기 어렵다. 주식차트를 분석해야 한다. 어디 그뿐인가. 기업의 성장성은 물론, 재무상황과 경쟁기업의 상태 등도 확인해야 한다.

그렇게 다 알고 투자해도 이긴다는 보장이 없다. 갑자기 북한에서 핵실험이라도 하면 그런 분석들은 다 헛수고가 된다. 이에 반해 비트코인은 원하는 사람이 많을수록 가격이 오르는 등 가격이 정해지는 방법이 간단하기 때문에 쉽게 투자할 수 있다는 장점이 있다. 지금 모든 사람이 비트코인에 주목하고 있다. 더 이상 무슨 설명이 필요한가.

구매대금으로 비트코인을 지불한다

상점에서 물건을 구입하거나 가족과 외식을 했을 때, 우리는 어떤 방식으로 대금을 지불하는가? 대부분의 사람이 현금이나 신용카드, 체크카드, 삼성 페이 같은 디지털 머니 등을 경우에 따라 구분해서 사용한다. 하지만 비트코인으로도 지불이 가능하다. 구매대금이 1만원이라고 한다면, 1만원 상당의 비트코인으로 지불하면 되는 것이다.

비트코인은 지폐나 동전과 같은 실물이 없기 때문에 현금이나 카드처럼 지갑에서 꺼내서 사용하기는 힘들다. 거래소에서 계좌를 열어서 비트코인을 넣어두고, 그 계좌에서 대금이 인출되도록 하는 방법을 사용할 수 있다. 신용카드나 체크카드의 경우에는 예금계좌에서 돈이 빠져 나가지만, 비트코인 결제의 경우에는 거래소에서 개설한 계좌에서 비트코인이 빠져나가는 것이다. 또한 디지털 머니는 교통카드나 스마트폰에 돈을 충전해서 사용하는 방식이지만, 비트코인은 스마트폰에 비트코인 전용 애플리케이션을 설치해서 매장의 단말기에 스마트폰을 터치하는 방식으로 결제할 수 있다. 우리나라도 강남지하상가를 중심으로 현실화되고 있다.

아직까지 사람들이 비트코인으로 결제하는 것을 본 적이 없어서 그것을 믿지 않는 경향이 있다. 여전히 '이상한 나라의 앨리스'라고 생각하는 것이다. 하지만 실제는 다르다. 최근에 신문에 이런 기사가 나왔다.

- 가상화폐 비트코인 투자 열풍이 급속히 확산하고 있는 가운데 국내 일반 상점에서도 비트코인을 비롯한 가상화폐를 받는 곳이 늘고 있다. 일상 경제활동에 쓰일 수 있을 정도로 비트코인이 신뢰성이 있다고 상인들이 믿기 시작한 것으로 해석돼 주목된다. 경기 포천 가구거리에 있는 가구점 '로하스'는 이달 15일부터 비트코인을 받기로 하고, 매장 앞에 비트코인 결제가 가능하다는 현수막을 붙였다.

경기 고양시 일산에 있는 음식점 '미다미 참치'도 약 석 달 전부터 가상화폐 결제를 시작했다. 이 음식점은 올해 초부터 비트코인으로 결제하고 있다. 비트코인의 경우 거래소에서 이체하는 시간이 상당히 소요되어서 알트코인을 위주로 결제하고 있다. 서울 용산구 이태원의 와인바 '더젤'도 올해 초부터 비트코인을 받아왔다. 특히 비트코인으로 결제하면 술 한 병을 서비스한다. 일본의 경우에는 번화가의 스시 레스토랑이나 바, 그리고 직장이나 집 근처의 고깃집 같은 곳에서도 결제가 가능하다.

즉, 우리가 일상으로 드나드는 곳에서 결제가 가능하다고 보면 될 것이다. 비트코인으로 결제가 가능한 곳이라면 신용카드로 결제하는 것과 전혀 다를 게 없다는 말이 된다. 앞으로 우리나라 회식자리에서 음식을 먹고 서로 결제하겠다고 스마트폰을 주인에게 들이대는 세상이 곧 도래한다는 말이다.

비트코인으로 결제가 가능하다면 상점에는 이득이 된다. 영세 소상공인들이 카드 수수료 때문에 영업을 못하겠다고 난리를 칠 정도로 카드 수수료는 자영업자에게 큰 부담이 된다. 현금으로 지불하면 가격을 낮추어 받거나, 포인트 적립률을 높여서 부담스러운 카드 수수료를 해지하기 위해서 노력하는 것이다. 신용카드의 경우에 3~5퍼센트의 수수료를 지불하지만, 비트코인은 1퍼센트 정도의 수수료만 지불하면 된다. 상점의 경우에 비트코인으로 결제하면 그만큼 비용절감의 효과가 있어서 비트코인 결제를 더 반기는 것은 당연하다고 할 것이다.

다른 누군가에게 비트코인을 보낸다. 즉 송금할 수 있다

송금에서도 비트코인은 그 매력을 한껏 발휘한다. 특히 해외송금의 경우에는 더 그렇다. 우리나라의 경우 '기러기 아빠'라는 고유명사가 있을 정도로 자녀와 어머니가 해외에 있는 경우가 많다. 당신만 한국에 있고, 자녀와 아내는 미국에 있는 경우를 가정해보자. 당신이 매월 300만원을 미국으로 보낸다고 가정할 경우, 해외송금의 경우에는 보내는 사람과 받는 사람이 모두 수수료를 부담해야 한다. 이도 은행마다 달라서 저렴한 수수료를 찾는 수고를 해야 하고, 환율 우대를 하는 은행이 있는지, 얼마나 환율을 우대해 주는지 등을 알아야 당신이 피땀 흘려 번 돈을 은행에 빼앗기지 않고 고스란히 가족에게 보낼 수 있는 것이다.

하지만 비트코인을 사용하면 해외송금 수수료를 대폭 절감할 수 있다. 저렴한 수수료로 대체가 가능하기 때문이다. 방법도 상당히 간단하다. 한국의 가상화폐 거래소에서 계좌를 개설하고 비트코인을 구입한다. 송금을 받는 가족 역시 미국 등 현지에서 암호화폐 거래소에서 계좌를 개설한다. 당신은 자신의 계좌에 적립한 비트코인을 인터넷을 이용하여 자녀의 계좌로 송금하고, 자녀는 송금받은 비트코인을 현지의 통화로 교환, 즉 비트코인을 매각하면 되는 것이다.

이런 과정을 거쳐서 미국에 있는 자녀 혹은 가족에게 해외송금을 완료하는 데는 단 몇 분이면 족하다. 수수료도 그다지 많지 않다. 송금 과정에서 만약 비트코인의 가격이 조금이라도 오른다면 더 할 나위 없이 좋을 것이다. 은행을 통해 해외로 송금을 하면 상대에게 돈이 도착할 때까지 며칠이 걸리지만, 비트코인의 경우에는 송금절차가 순식간에 이루어지며 수수료도 저렴하기 때문에 정말로 '이보다 더 좋을 수가 없는 것'이다.

비트코인을 통한 해외송금은 이용가치가 높기 때문에 이미 일본에서는 많은 사람이 이러한 방법으로 해외로 송금을 한다고 한다. 한국에서도 해외송금을 할 때 비트코인을 이용하는 사람들이 점점 늘어난다고 한다. 모르는 사람이 들으면 정말 꿈같은 일이고 모두 환상처럼 보이겠지만 말이다.

특히 해외주재원의 경우에는 부임한 나라에서 한국에 있는 가족에게 비트코인으로 송금할 수도 있으니 비트코인의 매력은 파면 팔수록 더 매력이 늘어난다고 할 수 있다. 100미터에서 미인이었던 여자가 가까이 다가갈수록 더 미인이 되는 이치와 같다고 할 수 있다.

소액의 기부나 투자도 할 수 있다. 펀딩을 할 수 있다

얼마 전에 일어난 포항의 지진으로 수능까지 연기되는 초유의 사태가 일어났다. 그뿐 아니다. 자고 일어나면 여기저기에서 사고가 일어나서 정말 기부해야 할 곳이 많다. 어디 국내뿐인가. 최악의 재난으로 불리는 아이티 지진, 매년 미국에서 벌어지는 허리케인으로 인한 재난. 중국은 어떤가. 심심치 않게 재난이 발생한다. 다 그만두고라도 아프리카 굶는 어린이를 위한 도움의 손길은 날마다 더해도 지나치지 않을 정도이다.

요즘에는 영화나 연극, 뮤지컬, 드라마 등 예술 분야뿐만 아니라 출판 시장에서도 크라우드펀딩이 심심치 않게 이루어지고 있다. 크라우드펀딩으로 묻힐 뻔한 작품이 대중에게 주목을 받는가 하면, 일반인들은 크라우드펀딩으로 쏠쏠한(?) 부수입을 챙기기도 한다. 은행을 통해 입금을 할 경우에는 당연히 수수료가 발생한다. 신용카드로 기부를 할 수도 있으나, 기부금을 수령하는 단체가 카드회사에 수수료를 부담해야 하거나 아예 신용카드라는 개념조차 모르는 곳도 있으니 이 또한 불편할 수밖에 없다.

이때 '어디선가 부르면 언제나 나타나는 홍반장'처럼 비트코인을 사용할 수 있다. 비트코인을 사용하면 수수료가 거의 들지 않는다. 소액도 가능하다. 기부금을 받는 단체도 당연히 이득이다. 수수료가 들어가지 않기 때문이다. 크라우드펀딩도 마찬가지이다. 개미들이 다수 참여하게 된다면 투자금 모집뿐만 아니라 그 자체가 이미 고객을 확보하는 결과를 가져온다. 좋은 작품이 있다면 당연히 크라우드펀딩을 통해서 큰 규모의 프로젝트도 가능하다고 할 것이다. 이게 다 비트코인이라는 요술방망이 덕분이다.

이해가 가지 않는다면, 디지털 머니를 생각하면 빠를 것이다. 그 편리함 때문에 우리 생활 깊숙이 침투하고 있지 않은가. 디지털 머니로 편의점에서 라면을 살 수가 있지 않은가. 비트코인을 무작정 규제할 것이 아니라 생활을 개선하고 문화를 향상시키는 긍정적인 요소로 활용한다면 그만큼 우리 사회는 가치가 다양화되고, 실력 있는 뮤지션이나 예술가들에게 기회를 제공하는 좋은 수단이 될 수도 있다는 말이다. 실력은 있지만 기회를 얻지 못한 가난한 화가를 고흐보다 더 유명하게 할 수도 있다.

비트코인은 법적인 통화가 아니다

일본에서는 2016년 5월에 '개정자금결제법'이라는 법이 생겼다. 이 법률의 핵심은 단 한가지로 요약될 수 있다. 암호화폐도 그 통화 동등의 재산적 가치를 지닌다는 말이다. 이 법은 2017년 6월에 시행하였다. 일본에서는 지금까지 비트코인과 같은 암호화폐 이용을 금지해온 것은 아니지만, 법률을 제정하여 '정식 결제수단으로 인정한다'는 것은 가상화폐가 법정통화로 인정되었다는 것을 뜻하는 것이다.

화폐는 중앙은행이 발행하게 되어 있다. 우리나라의 경우에는 한국은행에서 화폐를 발행한다. 그밖에 개인이나 단체가 화폐를 발행하면 법률 위반으로 아주 무거운 형벌을 감수해야 한다. 위조지폐라는 것이 나타나는 것도 바로 한국은행에서만 화폐를 발행할 수 있기 때문이다.

일본에서 '개정자금결제법'이 시행되기 전에는 은행이나 증권회사 같은 금융기관에는 '겸업금지' 규정이 있어서 법정 통화 및 금융상품 이외의 것을 취급하는 것이 불가능했지만, 2017년 6월부터는 은행 및 증권회사에서도 비트코인을 취급할 수 있는 가능성이 높아졌다.

비트코인은 법정통화가 가지지 못한 매력이 있고, 상점과 이용하는 사람이 계속적으로 증가한다면 금융기관도 이를 취급하지 않을 이유가 없다. 원래 통화라고 하는 것은 불특정 다수의 사람이 이용 가능한 것이라야 한다. 국가가 결제수단으로 인정한다는 것은 많은 사람에게 일상적이 된다는 것이다. 숲에 처음에는 풀들이 자라고 있었지만, 사람들이 자주 이용하면서 길이 된다는 이치와 같다고 할 수 있다.

이렇게 된다면, 은행이나 기타 다른 기관에서도 암호화폐를 발행하게 된다. 이건 천재지변에 준하는 비상사태(?)임에 분명하다. 아니 한국은행 말고 다른 기관에서 통화를 발행한다니. 그것도 합법적으로 말이다. 지금 한국에서도 많은 암호화폐가 발행되고 있다. 법이 만들어지기 전에 이미 많은 일이 벌어지고 있는 것이다. 부작용도 많이 나타나고 있다. 감독기관인 정부가 적극적으로 나서서 대책을 강구해야 하지 않을까?

이른바 그라운드 제로가 아니라 크리스마스이브와 같은 분위기다. 많은 사람이 본격적으로 비트코인을 사용하기에 앞서서 좀 더 많은 정보와 지식을 갖추게 된다면, 보다 환상적이고 즐거운 일이 넘쳐날 것이다. 안 그래도 인생을 고해의 바다라고 말하는 사람도 있는데, 굳이 즐거운 일을 방해할 뚜렷한 이유는 없어 보인다.

금융과 관련된 사업에 종사하고 있는 사람은 물론, 서비스업 등에도 비트코인을 접할 기회가 계속해서 늘어날 것으로 예상되기 때문에, 지금 바로 비트코인에 대한 어느 정도의 지식과 정보를 확보하는 것이 그 무엇보다 중요하다고 할 수 있다.

암호화폐가 비트코인만 있는 것은 절대 아니다. 이더리움도 대표적인 암호화폐이다. 비트코인을 기반으로 생긴 알트코인까지 합하면 공식적으로 거래되는 암호화폐는 1,373개(2017년 말 기준)이다. 지금도 어디선가 암호화폐를 만들고 있을 것이다. 대체적으로 우상향하는 가격형성을 보이기 때문에 참고하여 신중하게 투자하면 좋을 것이다.

비트코인과 법정통화는 어떻게 다른가

비트코인은 실물이 아닌 암호이다

비트코인과 법정화폐의 가장 큰 차이점은 '실물이 있는가, 혹은 없는가'에 있다. 법정통화는 지폐와 동전이라는 물리적인 형태의 화폐가 있지만, 비트코인은 지폐도 동전도 없다. 비트코인을 사기 위해서는 가상화폐거래소에서 계좌를 개설할 필요가 있다. 이밖에 채굴(마이닝, mining)을 통해서 비트코인을 획득할 수도 있지만, 일반적인 투자자의 경우에는 여기까지 접근하기에는 한계가 있으므로 그냥 거래소에서 계좌를 개설하여 비트코인을 사는 것이 좋다.

계좌를 개설한 후 비트코인을 구매하게 되면 계좌에 있는 '월릿

(wallet)'에 비트코인 데이터(암호)가 저장된다. 비트코인의 구매를 늘리면 이 월릿이 추가된다. 팔거나 어딘가에 송금을 하면 이 월릿에서 비트코인이 빠져 나간다. 즉 월릿은 우리가 현금이나 신용카드를 보관할 때 사용하는 지갑과 같은 개념으로 보면 된다. 지갑에 돈이 없으면 당연히 아무 것도 할 수 없다.

쉽게 말하면, 지폐나 동전처럼 물리적인 실체가 없기 때문에 비트코인의 데이터 정보를 주고받아 계좌를 관리하는 개념으로 이해하면 된다. 우리가 돈이 생겨나기 전에는 필요한 물품을 물물교환하지 않았는가. 그러다가 금을 표준으로 삼게 되었고, 나중에는 금을 들고 다니기가 번거로워서 금 보관증서를 주고받았다. 어느 순간 금 보관증서가 지폐나 동전이 되어 금을 대신한 것이다. 다시 그 지폐나 동전을 데이터가 대신한다고 보면 크게 틀리지 않을 것이다. 당신이 누군가에게 자금을 이체할 때 컴퓨터나 스마트폰에 있는 돈은 데이터이지 현물은 아니지 않은가. 여기서 한 걸음 더 나간 것이 가상화폐(virtual money)라고 부르는 암호화폐라고 보면 된다.

비트코인은 발행량이 정해져 있다

각국에서는 중앙은행이 있어서 법정통화를 발행한다. 이 발행하는 통화량으로 물가를 잡기도 한다. 통화량이 많다는 것은 그만큼 돈이 흔하다는 얘기니까 자연히 돈에 대한 가치가 줄어들게 되는 것이고, 통화량이 적다는 것은 그만큼 돈이 귀하다는 말이 되니까 돈에 대한 가치가 증가하는 것이다. 이 세상에서 경제는 운용하는 가장 단순하고 절대 불변의 법칙인 '수요공급의 이론'을 적용받기 때문이다.

하지만 비트코인은 비트코인을 발행하는 소프트웨어 프로그램을 통해 자동으로 발행된다. 국가가 아닌 개인이나 집단이 통화를 발행하는 혁명적인 발상인 것이다. 지구상에서 일어난 혁명 가운데 기억할 만한 혁명 중의 하나라고 할 것이다.

법정통화는 당연히 발행량이 정해져 있다. 경기를 부양하기 위해 많은 양의 돈을 유통시키려면 발행량을 증가시킨다. 그러다가 발행량의 증가 등을 기반으로 하는 경제 메커니즘이 너무 과열되면 상대적으로 발행량을 줄여서 경기를 안정화시키는 작업을 한다. 그래서 중앙은행의 기능이 무서운 것이다.

최근 몇 년 동안 경제협력개발기구(OECD) 등에서는 경제를 부양하기 위해 대폭적인 금융완화를 실시하면서 방대한 양의 통화를 발행했다. 돈의 가치는 좀 전에 말한 대로 수요와 공급의 원리라는 절대적인 가치에 지배를 받는다. 당연히 돈이 많이 풀리면 돈의 가치가 떨어진다. 이른바 인플레이션이라는 게 생겨서 어제와 똑같은 돈을 지불해도 어제 산 계란 3개를 오늘은 살 수 없는 일이 벌어지는 것이다. 이는 국가가 안정되지 않은 후진국이나 개발도상국에서는 흔히 일어나는 현상이다. 우리나라도 개발도상국 시절에 물가가 천정부지로 치솟은 적이 종종 있었다.

이에 비해 비트코인은 발행량이 정해져 있다. 비트코인의 단위는 'BTC(비트코인)'으로 표기한다. 2009년 처음 발행한 이래 약 10분마다 50BTC을 발행하고 있다. 비트코인은 2140년경까지 2,100만 BTC가 발행될 예정이며, 이미 전체 물량의 75퍼센트가 발행된 상태로 보면 된다.

비트코인의 발행량은 국가의 금융정책에 따라 좌우될 일이 없다. 또한 그 양이 지나치게 많아져서 가치가 떨어질 우려도 없다. 이 점이 바로 비트코인이 통화로서 가지고 있는 장점이라고 할 수 있다.

법정통화는 사실상 국가가 신용을 보증하고 있다. 예를 들어, 우리나라 돈을 일본의 엔화나 미국의 달러, 유럽의 유로로 교환이 가능한 것은 한국이라는 나라의 돈이기 때문에 가치가 있고 다른 나라 사람들이 인정하는 것이다. 이런 의미에서 유발 하라리가 〈호모 사피엔스〉에서 '화폐는 집단적 상상의 산물'라고 말했다. 날카로운 지적이다. 그 상상을 다수가 믿게 하는 것은 황제 또는 패권국가와 같은 정치체제이다.

그러나 경제가 발전하지 않은 나라이거나 부패 등으로 나라가 '나라 같지 않은 나라'의 통화는 그 가치를 인정받지 못하는 경우도 있다. 이름도 들어보지 못한 '듣보잡' 나라의 통화를 가지고 와서 한국의 원화와 바꾸자고 하면 매우 난처할 것이다. 그 나라의 돈이 화폐로서의 가치가 있는지 알 수 없기 때문이다. 아닌 말로, 교환하자마자 휴지조각이 되어 버린다면 내 돈만 날리는 셈이기 때문이다.

그에 비해 비트코인은 국가가 개입하고 있지 않기 때문에 국가의 신용이 실추되어도 비트코인의 신용까지 떨어질 걱정이 없다. 비트코인을 사용하고 있는 사람, 또 사용되고 있다는 사실이 비트코인에 대한 신용보증이다. 우리를 집단패닉에 빠지게 했던 1997년 IMF 사태와 같은 '외환위기'를 겪을 일은 없는 것이다.

비트코인 알고리즘 역시 디지털 시대에 새로 등장한 집단적 상상의 산물이라고 보는 것이 맞다. 막말로 해서 비트코인은 만질 수도 없고, 어떤 가치도 지니지 않은 디지털 기호일 뿐이다. 지폐로 코라도 풀 수 있다지만 디지털 기호로는 도무지 할 수 있는 게 없다. 그런데도 비트코인이 계속 관심의 대상이 되는 이유는 무엇일까.

인간은 역사를 통해 어떤 권력도 영원하지 않다는 것을 깨달았다. 비트코인은 이러한 명제 안에서 촛불처럼 선명하고 때로는 도발적으로 그 존재감을 나타낸다. 신뢰라는 시스템에서 인간이라는 요소를 쏙 뺐기 때문이다. 이런 의미에서 보면 인공지능처럼 비트코인은 신의 영역에 도전하고 있는지도 모른다.

비트코인은 정부(국가)가 관여하고 있지 않기 때문에 국가의 경제 상황 및 경제 정책에 의해 직접적으로 돈의 가치가 변화할 우려가 없다. 그렇기 때문에 경제불안 요소가 있는 국가나 정부 시스템이 성숙하지 않은 나라에서는 자국 통화보다 비트코인을 더 신뢰할 수도 있다. 그러나 비트코인 거래가 시스템화되어 있지 않은 나라에서는 이 또한 먼 나라 이야기일 수밖에 없다.

암호화폐의 종류는
얼마나 되나

    암호화폐의 대명사는 비트코인이다. 암호화폐가 비트코인에서 시작되었기 때문이다. 현재의 기준으로 보면 대략 1,400개 정도의 암호화폐가 있는 것으로 보면 되고, 그 수는 계속 늘어난다. 비트코인을 제외한 가상화폐 전부를 알트코인(Altcoin)이라고 부른다. 이더리움(Ethereum), 리플(Ripple), 라이트코인(Litecoin), 에이다(ada), 비트코인 캐시(bitcoin cash) 등이 있다. 이더리움은 러시아계 캐나다인 비탈리크 부테린이 2013년 19살 때 처음으로 고안했다. 그는 비트코인의 핵심 개발자들에게 비트코인의 플랫폼은 애플리케이션을 개발하기 위한 더욱 강력한 스크립팅 언어가 필요하다고 주장했다. 아무도 관심을 기울이지 않자 자신만의 고유한 플랫폼을 개발했다. 그게 바로 2014년의 일이다.

    이더리움은 블록체인 기술과 스마트 계약이 적용되어 있어 각광을 받는 화폐이다. 어떤 사람은 비트코인보다 이더리움을 더 발전 가능성이 있는 것으로 보기도 한다. 블록체인 기술은 가상화폐로 거래할 때 발생할 수 있는 해킹을 막는 기술이다. 거래에 참여하는 모든 사용자에게 거래내역을 보내 거래 때마다 이를 대조하여 데이터 위조를 막는 방식이다. 스마트 계약은 미리 지정해 놓은 특정한 조건이 일치될 경우에 자동적으로 계약이 실행되는 프로그램이다.

리플은 글로벌 정산 네트워크에서 기관의 정산 과정 시 발생하는 시간, 비용, 절차를 줄이기 위한 시스템으로 여기에 사용되는 코인을 XRP코인이라고 한다. 리플은 모든 코인을 리플랩스가 발행하고 유통한다. 즉 중앙에 운영과 관리 시스템이 있는 가상화폐라고 할 수 있다. 가상화폐의 가장 큰 특징이 바로 중앙시스템이 없는 것인데 리플의 경우는 예외라고 할 수 있다.

라이트코인은 2011년 찰스 리가 개발한 은색의 가상화폐이다. 채굴 시 암호화 알고리즘은 스크립트를 사용해서 블록을 해제하는 복잡성을 비트코인보다 줄인 것이 특징이다. 이밖에도 폴리비우스(Polybius)는 사물인터넷, 빅데이터, 블록체인 기술을 활용한 인터넷 설립 코인이다. 퀀텀(Quantum)은 중국판 이더리움으로 비트코인과 이더리움의 장점을 결합한 것이 특징이라고 할 수 있다. 모나코인(Monacoin)은 2013년 12월에 탄생한 일본 최초의 가상화폐이다.

발행규모가 작은 알트코인도 업비트(upbit)를 통해 거래가 한결 쉬워졌다. 알트코인 중에는 신용도가 불안한 가상화폐도 있다. 안전한 투자를 위해서는 정보와 시세, 차트 보는 법 등을 통해서 개인 스스로 정보의 가치를 판단하는 능력을 키워야 한다. 싸다고 해서 이름도 없는 알트코인을 구매하며 잭팟을 터트리려 했다가 그대로 순식간에 쪽박을 찰 가능성이 많기 때문이다. 어제 1,000만원이었던 것이 오늘은 0원이 될 수 있다는 말이다.

리치리스트가
무엇인가?

비트코인은 블록체인이라는 공개 장부를 가지고 있다. 이 블록체인에는 모든 주소의 거래내역이 모두 들어있다. 물론 그 주소를 누가 보유했는지를 알 수는 없다. 그래서 이 블록체인을 분석하면 어떤 지갑 주소에 가장 많은 코인이 들어 있는지를 계산할 수 있는데, 이 주소 중에서 비트코인이 많이 들어 있는 주소들의 리스트를 산출하는데 이를 리치리스트(Richlist)라고 부른다.

대체로 지갑 1위가 가지고 있는 규모는 한화로 약 3천 억원 정도이다. 결코 작은 규모가 아니다. 상위 1,000개의 지갑에는 상위 35% 정도가 저장되어 있다고 한다. 어디를 가나 부의 편중은 어쩔 수 없나 보다. 그렇다고 실망하지 마라. 우리가 먹으려고 하는 것은 큰돈이 아니라 큰돈 옆에 달라붙어 있는 부스러기 돈이니 말이다. 그것도 잘 모으면 평생 만질 수 없는 돈이 당신의 지갑에 있게 된다.

비트코인의
단위는?

비트코인의 기본단위는 BTC이다. 하지만 비트코인은 소수점 자리까지 단위를 만들어두었으며 소수점 8자리까지 사용하고 있다. 비트코인의 최소 단위는 비트코인 개발자 사토시 나카모토의 이름에서 따온 0.00000001BTC=1satoshi라고 부른다. 비트코인의 총 발행량은 대략 2,100만BTC이다. 지금 대략 IBTC에 2,000달러 정도라고 한다. 그러므로 달러 환산 발행총액은 420억 달러, 한화로는 47조 원에 달한다. 1BTC 가격이 계속 증가한다면 달러 환산 발행 총액은 더욱 커지고 통화량은 더욱 증가할 수 있다. 하지만 1BTC가격이 올라갈수록 실제 사용하는 단위는 점점 더 작아지는 문제점이 있다. 1BT에 200만원이라면 1,000원어치 비트코인을 보낸다면 0.0005BTC를 보내야 한다. 소수점 단위가 너무 작아지면 사용하기 불편한 단점이 있다. 그래서 BTC가 아니라 mBTC 혹은 satoshi 단위도 사용할 수 있다. 0.001BTC= 1mBTC이므로 0.0005BTC=0.5mBTC=50,000satoshi이다.

이렇게 비트코인에서 소수점 8자리를 사용하면서 또 소수점마다 이름을 미리 정해둔 것은 가격이 올라갈 때를 대비하여 확장성을 준비해둔 것이다. 비트코인, 정말 알면 알수록 무섭고 과학적이고 재미있는 화폐임에 분명하다.

비트코인의 핵심기술인
블록체인이란?

　가상화폐 시스템을 지탱하는 것은 '블록체인'이라 불리는 기반기술이다. 최근에는 대형은행도 이 블록체인 기술을 채택하려는 움직임이 있을 정도로 폭넓게 인정을 받고 있다. 은행은 중앙서버에서 고객의 대장(잔고 및 입출금 이력)을 관리한다. 누군가가 100만원의 예금을 가지고 있는데, 1,000만원을 인출하려고 하면 통장을 조작해서는 되지 않는다. 아무리 정교하게 통장을 위조한다 하더라도 은행에 가면 바로 탄로가 난다. 거기에는 100만원으로 기록이 되어 있기 때문이다. 그렇다면 은행의 중앙서버를 조작해야 하는데 이는 거의 불가능할 뿐만 아니라, 누군가 실제로 그런 일을 한다면 명백한 범죄행위가 되는 것이다.

　은행은 중앙 서버의 유지 및 보수에 거액의 자금을 투입하고 있다. 중앙 서버가 누군가에 의해 침입당하지 않고 조작된 정보가 기입되는 일이 없도록 견고한 보안시스템을 도입하고 있는 것이다. 중앙 서버야말로 그 은행의 가장 핵심적인 자산이라고 할 수 있다. 거기에 문제가 생기면 그 은행은 신뢰에 큰 구멍이 생기며, 신뢰를 잃은 그 은행을 기다리고 있는 것은 대규모 인출 사태밖에 없기 때문이다.

　이와는 달리 블록체인은 완전히 다른 방식으로 구축한 보안시스템을 갖추고 있다. 중앙 서버의 안전을 높이는 것이 아니라 고객의 대장을 네트워크로 연결한 불특정 다수의 컴퓨터에 분산시켜 공유하는 방법을 사용하고 있다. 이 때문에 블록체인을 '분산형 장부 기술'이라고 부르기도 한다.

누가, 언제, 어떤 거래를 했는지 혹은 누가 얼마의 비트코인을 가지고 있는지 등의 내역이 기록된 통장을 수백만이 넘는 사람들이 공유하는 것이다. 보유자는 익명이기 때문에 실제로 누가 보유하고 있는지는 알 수 없다.

누군가, 자신의 가상화폐 데이터를 조작하려고 해도 네트워크상에 연결된 불특정 다수의 컴퓨터 정보를 조회하면 그 통장이 조작되었다는 것을 바로 알 수 있다. 데이터를 조작하려면 네트워크로 연결되어 있는 모든 컴퓨터의 정보를 조작해야 한다. 이는 매우 불가능한 일이다.

은행이 거래 정보를 모아 막대한 보안 비용을 들여서 지키는 것이라면, 블록체인은 수백만 명의 사용자가 데이터를 공유하게 함으로써 비용을 거의 들이지 않고 실제 데이터를 조작하는 일이 일어나지 않도록 차단하는 것이다.

은행이 보안에 투자하는 비용은 예금 금리, ATM 사용료, 송금 수수료 등에도 당연히 영향을 미친다. 하지만 비트코인은 보안에 큰 비용이 들지 않는 만큼 송금 수수료나 결제 수수료의 부담을 획기적으로 줄일 수 있다. 이와 같은 이유 때문에 많은 은행에서 블록체인 기술을 활용하려고 시도하고 있다. 가상화폐에 사용되는 블록체인 기술이 전 세계의 금융 방식을 바꾸려 하고 있는 것이다.

비트코인 투자, 정말 괜찮을까?

소액으로도 투자 가능, 여유자금으로 투자한다

구매대금 지불, 송금, 기부 등 비트코인의 이용 범위가 점점 확대되고 있다. 하지만 사람들이 정작 관심을 가지고 있는 것은 투자이다. 주식이나 채권, 외화 등 다양한 투자수단이 있지만 비트코인도 투자가 가능하다. 비트코인 이외에 이더리움을 대표로 하는 알트코인에 투자하는 것도 가능하다.

비트코인에 투자해서 이익을 얻는 방법은 다양하다. 그중 가장 간단한 것이 바로 비트코인 가격이 상승할 때 차익을 얻는 매매방법이다. 반대로 가격이 하락한 시점에 이익을 얻는 방법도 있다.

비트코인을 포함한 이더리움, 알트코인 등의 암호화폐는 가격의 변동 폭인 변동성(volatility)이 크기 때문에 일주일 동안 5퍼센트 이상의 가격이 변동하는 일도 종종 발생한다. 때로는 하루에 10퍼센트 이상 폭등하기도 한다. 가격의 변동이 클수록 큰 시세차익을 얻을 가능성이 많다. 물론 제대로 접근했을 때의 이야기이다.

이처럼 기대 가능한 차익이 크다는 것은 그만큼 리스크도 크다는 것이다. 이른바 하이 리스크, 하이 리턴(high risk, high return)의 원리가 적용되는 것이 비트코인 투자다. 여유 돈을 가지고 투자해야 하는 것이 원칙이다. 단 돈 만원이라도 잃어서는 안 될 돈을 가지고 투자하다가는 큰 낭패를 볼 수 있다. 다 내 돈 같지만, 어느새 내 돈이 남의 돈이 되어버리는 것이 투자이기 때문이다.

대부분의 투자는 일정 규모 이상의 돈이 있어야 가능하다. 비트코인 투자는 진입장벽이 낮은 편이다. 대부분의 거래소에서 0.0001BTC부터 매매가 가능하므로, 몇 천원부터 투자가 가능하다는 말이 된다. 심지어 알트코인의 경우에는 몇 백 원짜리도 수두룩하므로 순수 투자적인 측면에서만 말하면, 몇 백 원도 가능하다고 할 수 있다. 물론 이는 극단적인 경우를 말하는 것이므로 현실성이 없다. 그만큼 비트코인 투자는 소액으로도 가능하기 때문에 부자들의 전유물이 절대 아니라는 말이다.

24시간 365일 언제나 투자가 가능하다

주식투자도 야간 거래가 가능한 증권회사가 있기는 하지만, 일반적인 거래 시간과는 달리 유동성이 높다고는 할 수 없다. 이에 반해 암호화폐 투자는 야간은 물론, 주말에도 거래가 가능하기 때문에 유동성이 충분히 높다고 할 수 있다. 평일이나 낮 시간에 일과 육아로 바쁜 사람이더라도 암호화폐라면 충분히 투자를 즐길 수 있다. 막말로 잠들지 않고 스마트폰만 있으면 항상 가능한 것이 암호화폐 투자인 것이다.

비트코인 투자자가
급증한다

한국만 광풍인 것이 아니다

중국에도 암호화폐가 극성을 부리고 있다. 한국은 거의 광풍에 가깝다. 중국이 이처럼 비트코인에 열중하는 이유는 중국인이 투자에 적극적이기 때문이다. 또 하나의 이유는 중국인들이 특히 큰 이익을 기대할 수 있는 자산운용을 선호하기 때문이다. 이른바 대륙기질이 있는 게 중국이다. 한 마디로 손이 크다는 이야기이다.

마지막으로, 중국이 비트코인 투자에 적극적인 이유는 위안화에 대한 신용도가 낮은 이유도 작용한다. 자신의 포트폴리오 정책에 따라 모든 자산을 중국 위안화로만 보유하지 않고, 미래의 위험을 헤지하는 수단으로 비트코인에 투자하는 것이다. 비트코인은 자국 내 정세의 영향을 받지 않기 때문이다.

똑같은 이유로, 한국도 비트코인 투자의 광풍이 불어오고 있는 것이다. 특히 한국은 북한과 대치하고 있는 상황에서 전쟁에 대한 위험이 있기 때문에, 급격한 환율 하락에 대비하여 비트코인을 보유하려는 성향이 강하다고 할 수 있다.

미국은 연방법과 주에 따라 다르지만, 기본적으로 비트코인을 주식이나 채권과 같은 상품으로 간주한다. 미국 최대의 암호화폐 거래소인 '코인베이스'는 2015년에 50개 주 가운데 24개 주에서 암호화폐 교환업의 승인을 받았다. 지금까지 대략 4조원 대에 이르는 암호화폐가 거래되었다고 한다. 2016년 하반기 기준으로 430만 명 이상의 고객이 있고, 예치금 자산은 7,500억 원에 이른다는 통계가 있다. 이는 암호화폐가 먼 미래의 이야기가 아니라 현존하는 사업 모델로서 성장 가능성이 그만큼 크다는 것을 반증하는 사례라고 할 수 있다.

가깝지만 먼 이웃인 일본에서도 2016년 7월 기점으로 하루에 100억 엔이 넘는 거래가 이루어지고 있다고 한다. 이전에는 하루 거래액이 30억 엔 정도에 머물렀지만, 2016년 4월부터 거래액이 급증하여 6월에는 100억 엔을 돌파하였다. 지금은 더 많을 것이다.

비트코인의 거래가 활발해진 가장 큰 이유는 비트코인 '반감기'에 진입했기 때문이다. 비트코인은 발행 속도와 발행액이 정해져 있다. 2016년 7월 16일 이전까지 하루발행량 25BTC이던 것이 12.5BTC으로 반감되었다. 때문에 비트코인은 더 확산된다. 그러나 발행량은 점점 더 줄어든다. 공급이 줄어들고 수요는 많아지니 가격은 우상향으로 갈 것이라는 기대로 비트코인 매매가 활발하게 이루어지고 있는 것이다.

비트코인 사용인구의 증가

비트코인의 거래에 참가하는 사용자의 수도 증가한다. 일본의 경우, 2016년 10월 기준으로 10여 개의 암호화폐거래소가 개설되었다. 주요 거래소의 계좌 개설 수는 각각 1~2만 정도로, 가장 많은 곳은 20만 계좌가 넘는다고 한다. 전체 계좌 수는 30만 개 정도로 추산되지만, 비트코인 거래에서는 한 사람이 여러 개의 계좌를 갖고 있는 경우도 많아서 실제 빈번하게 거래를 하는 사용자는 1만 명 정도로 보는 것이 정확한 통계일 것이다.

아직은 다른 투자 상품에 비해서 참가하는 인원과 계좌가 많지는 않다. 그렇다고 해서 비트코인 투자가 매력이 없다는 것은 아니다. 중요한 것은 증가일로에 있다는 것이다. 점차 다른 투자처에서 비트코인으로 넘어오는 사람이 많다는 현상이다. 특별한 변수가 발생하지 않는다면 사용자 수는 앞으로 더욱 증가할 것이다.

다른 사람보다 한 발 앞서 비트코인에 투자한 사람은 투자 경험이 풍부할 것이라고 생각할 수 있지만, 실제로는 그렇지 않다. 현재 비트코인에 투자를 하고 있는 대부분의 사람이 주식투자와 다른 파생상품에 적극 투자하고 있기보다는, 투자 경험이 전혀 혹은 거의 없는 사람이 대부분이다. 지금까지 세상에 존재하지 않던 자산이기 때문에 투자해보고 싶다고 생각하는 사람이 꽤 많은 것이다.

그중에는 투자를 선호하기보다는 기술 쪽에 흥미가 있는 사람도 있다. 비트코인이 여기까지 보급된 데에는 사용자들이 투자는 물론 블록체인 같은 신기술에 관심을 보였기 때문인 경우가 상당수 있다. 블록체인 기술에 관심을 가지고 있는 사람들은 예전에 인터넷 초기에 새로운 사업을 꿈꾸는 것처럼 블록체인을 기반으로 하는 새로운 사업을 꿈꾸는 사람들이다. 어쨌든 투자에 흥미가 있는 사람뿐만 아니라 기술에 관심이 있는 사람들이 비트코인 거래를 주도하고 있다고 보면 된다.

매매로 가격상승 이익을 노린다

비트코인은 가격 변동이 심하다

투자로 이익을 내는 가장 간단한 방법은 매매에 의한 가격상승 차익을 노리는 것이다. 비트코인 가격이 하락했을 때 매수해서 가격이 상승할 때 팔면, 그 차액으로 투자자는 이익을 얻는 것이다. 암호화폐에 투자자가 몰리면서 어느 정도의 이익을 얻을 수 있을지 관심이 집중되고 있다. 그러나 투자에 앞서 꼭 명심해야 할 것은 비트코인은 가격 변동이 심하다는 것이다.

주간 가격 변동률이 5퍼센트 정도인 것은 드문 일도 아니다. 타이밍만 좋다면 일주일에 5퍼센트씩, 1개월에 20퍼센트의 이익도 낼 수 있는 것이 비트코인 투자이다. 실제로 그 이상의 수익을 내는 사람도 종종 나타나는 게 현실이다. 다만 기대 이익이 크다는 것은 리스크도 크다는 것을 염두에 두어 투자를 지혜롭게, 신중하게 해야 하는 것이다.

지금까지의 가격 추이

비트코인의 가격은 수요와 공급에 의해서 결정이 된다. 경기가 나쁘면 수요(사용되는 양)가 줄어 비트코인의 가격이 하락할 가능성이 있지만, 역으로 이용이 증가하면 당연히 가격은 상승한다. 비트코인은 2009년에 탄생했다. 탄생 직후의 가격은 0.002달러였다. 2012년 하반기부터 서서히 인지도를 높여 처음으로 가격이 상승 기세로 전환된 시기는 2013년 3월에 발생한 '키프로스 위기(키프로스 공화국에서 발생한 금융위기)'때라고 알려져 있다. 다음 달인 4월에는 200달러를 처음으로 돌파했다.

그때부터 갑자기 비트코인의 거래량이 증가하여 같은 해 12월에는 1,200달러 부근까지 급등하였다. 하지만 최고가를 기록한 바로 다음 날, 중국 정부가 금융기관의 비트코인 취급을 금지하자 단숨에 가격이 폭락하여 400달러까지 떨어졌다.

일본의 비트코인 거래소인 마운트 곡스가 파산했지만 비트코인 가격에 끼친 영향은 경미했다. 그 뒤로 오히려 가격이 상승해서 600달러까지 올랐다. 그 후 미국 거래소인 비트스탬프가 해킹 피해를 입었다는 뉴스가 보도되면서 한때 200달러 선이 붕괴되기도 했다. 이후 유럽재판소가 비트코인을 사실 상의 통화로 인정한다는 판결을 내리자 비트코인 가격은 400달러를 회복하였다.

　게다가 같은 해 7월에 들어 비트코인의 발행량이 반으로 줄어드는 '반감기'를 앞두고 2016년 4월경부터 서서히 가격이 오르기 시작해 6월에는 800달러까지 상승하였다. 6월에는 영국이 국민투표로 EU 탈퇴선언(이른바 브렉시트)을 하면서 세계 경제가 요동쳤지만, 이때도 세계 각국의 정책에 영향을 받지 않은 비트코인의 매수세가 크게 늘어났다.

　비트코인의 가격 변동 요인을 큰 흐름으로 보면, 비트코인의 이용범위가 확대되고 매매에 참여하는 사람이 증가함으로써 수요가 커지는 것을 볼 수 있다. 물론 이 부분에서 정부가 인위적으로 개입하지 않는다는 것이 큰 장점이라고 할 수 있다. 다른 상품의 경우는 가격이 급등하거나 급락하면 정부가 개입하므로 이에 대한 예측이 더 복잡해질 수 있는데, 비트코인의 경우는 정부가 개입하지 않으므로 수요와 공급이 왜곡됨이 없이 시장에 반영되는 것이 큰 장점이라고 할 수 있다.

뉴스도 가격 변동의 요인

　암호화폐와 관련한 좋은 뉴스와 나쁜 뉴스도 비트코인 가격에 영향을 미친다. 2016년 8월에는 하루 동안 15~20퍼센트의 가격이 요동쳤다. 홍콩의 비트피닉스라는 가상화폐거래소에서 비트코인을 도난당했다는 악재가 있었기 때문이다. 사실이라면 비트코인 보안에 심각한 구멍이 생긴 것이라 할 수 있다.

문제 발생에 대한 상세한 정보가 없는 상태로 500달러에서 580달러까지 회복한 것은 당시 대기수요가 있었기 때문이었다. 이런 대기수요가 없었더라면 가격이 훨씬 더 떨어졌을 것이다. 악재가 나오면 '비트코인은 위험한 것'이라고 생각하는 사람들이 늘어나지만, 다른 한편으로는 '이건 하나의 뉴스일 뿐, 비트코인 본질적 가치는 흔들리지 않는다'고 생각하는 사람도 서서히 늘어나기 시작했다.

가격이 하락했을 때 기회로 간주하고 매수하는 사람들이 점차 늘어나면서 외부 요인에 따른 일시적 가격 하락이 줄어든 것이다.

장기냐, 단기냐
리스크를 줄이는 매수 방법

장기보유가 좋은가, 단기매매가 좋은가

비트코인 가격은 장기적으로 상승하고 있는 것으로 보인다. 가장 좋은 방법은 조금씩 매수해가면서 천천히 가격 상승을 기다리는 것이다. 하지만 장기적으로 상승한다고 하더라도 일직선으로 계속해서 상승하는 것은 아니다. 상승과 하락을 반복하면서 상승 곡선을 그릴 가능성이 높다고 할 수 있다. 따라서 어느 정도 상승을 하면 매도해서 이익을 확보하고, 조금 하락하면 다시 매수해 오를 때를 기다려 파는 것을 반복하는 것도 좋은 투자 방법이다.

리스크를 줄이기 위해서는 분할 매수

비트코인 투자에 따른 리스크를 줄이기 위해서는 한 번에 많은 양을 매수하는 것보다 조금씩 시기를 나누어 매수하는 것이 안전하다. 한 번에 많은 양을 매수해 버리면 결과적으로 비쌀 때 한꺼번에 사버리는 실패를 경험할 수 있기 때문이다. 주식의 분산투자와 비슷한 맥락으로 이해하면 보다 쉽게 접근할 수 있을 것이다. 매입 단가를 점진적으로 낮추는 방식이 핵심이다.

또한 매도할 타이밍에 대해서도 판단에 망설임이 생기면 반만 팔고 반은 보유하는 방법도 있다. 일부를 매도하고 일부를 남기면 결과에 따른 충격은 조금은 덜 수 있을 것이다.

지정가 주문과 시장가 주문

거래소에 따라 일정 금액이 되면 매수(매도)할 수 있도록 미리 가격을 정할 수 있다. 이것을 '지정가 주문'이라고 한다. 사용자가 미리 지정한 금액이 되면 자동적으로 주문이 이루어지기 때문에 일하는 중에도 매수 또는 매도의 기회를 놓치지 않아도 되어 편리하다. 다만 지정한 금액에 도달하지 않으면 거래 자체가 체결되지 않기 때문에 크게 욕심을 내지 않는 합리적인 선에서 미리 가격을 설정해야 한다.

'얼마가 되어도 좋으니 무조건 매수(매도)하겠다' 같은 경우에는 '시장가 주문'으로 설정하면 된다. 이 경우에는 그날의 가격을 꼼꼼하게 체크한 뒤에 주문하는 것이 좋다.

환율과 비트코인 가격과의 관계

비트코인은 현재 전 세계 대부분의 나라에서 거래되고 있다. 이전에는 비트코인의 거래를 금지하거나 제한했던 나라도 서서히 비트코인을 인정하고 있는 추세이다. 미국에서는 달러 대 비트코인, 유럽에서는 유로 대 비트코인, 일본에서는 엔 대 비트코인과 같이 '제2의 통화'로 매매되고 있다.

그렇다면 각국에서의 비트코인 가격은 어떻게, 무엇으로 결정되는 것일까. '금'은 미국 달러 기준으로 정한다. 일본에서는 이를 엔으로 환산해서 가격을 결정한다. 한국에서는 원화로 환산해서 결정한다. 당연하게도 유럽에서는 유로로 환산해서 거래 가격을 정한다. 미국의 달러로 금 가격이 정해지고, 여기에 환율을 적용해서 다시 엔화나 원화로 결정되는 것은 미국의 달러가 전 세계의 기축통화이기 때문이다. 즉 미국의 달러가 세계 여러 나라 화폐의 중심이 된다는 말이다.

　하지만 비트코인은 이와 다르다. 미국의 달러로 정해지지 않는다는 말이다. 가격의 추이를 보기 위해 편의상 미국 달러로 이용되는 경우가 많지만, 비트코인에 대한 미국 달러 가격이 별도로 정해져 있는 것은 아니다. 달러 대 비트코인, 유로 대 비트코인, 엔 대 비트코인 등은 각각의 경우 가격이 다르다. 어느 경우든 달러로 비트코인을 사고 싶은 사람과 팔고 싶은 사람의 밸런스(수급 밸런스), 유로와 비트코인의 수급밸런스로 가격이 정해지는 것이다. 즉 해당 국가의 수요와 공급으로 정해지는 것이다. 환율에 적용을 받지 않는 화폐, 어쩌면 비트코인의 매력이 이것인지도 모른다.

환율과 비트코인 가격의 밀접한 관계

　비트코인은 '달러와 비트코인의 가격 × 환율'로 가격이 정해지는 것은 아니지만, 실제로는 환율의 영향을 크게 받는다. 쉽게 말하면, 환율의 움직임과 비트코인의 가격 변동 폭은 다르지만 움직임은 같다는 것이다. 원화가 오르면 '원화 대 비트코인'의 가격은 하락하고, 원화가 하락하면 '원화 대 비트코인'의 가격은 상승한다.

　원화가 비싸지면 '원화 대 비트코인'의 가격이 싸지기 때문에 투자의 기회가 된다. 거꾸로 원화가 싸지면 '원화 대 비트코인'의 가격이 비싸지기 때문에 이때 비트코인을 매도하면 차익을 얻기 쉽다.

국제 분산투자

자산운용에 있어서 자국의 통화뿐만 아니라 통화분산을 꾀하는 것도 중요하다. 비트코인을 활용하여 분산시킬 수 있다. 예를 들어, 달러를 원하는 경우에는 거래소에서 원화를 비트코인으로 사고 이것을 달러로 교환한다. 일반적인 외환투자에서는 환전수수료가 들지만 비트코인을 사용하면 수수료가 저렴해진다.

비교적 투자에 밝은 사람들은 비트코인으로 '환해지'를 하는데, 환율과 비트코인 시세의 '아비트리지 거래'를 통해 이익을 얻기도 한다. 당신도 곧 이 단계로 진입하기를 바란다. 거래소에 따라 취급하는 종류가 달라 필리핀의 '페소 대 비트코인', 인도네시아의 '루피아 대 비트코인' 등을 취급하는 거래소도 있다.

다만 소수의 통화는 거래량이 적어 사고 싶을 때 살 수 없고 팔고 싶을 때 팔 수 없는 '유동성 위험'이 있다. 가격 변동 폭도 크기 마련이다. 위험성을 감안하고 보다 높은 이익을 노린 경우의 선택지로 생각하는 것이 좋다.

앞으로 환전소의 기능이 발달하면, 외국에 나갈 때 원화를 미국 달러로 바꾸는 것이 아니라 '원화 대 비트코인'을 미국 달러로 바꾸는 일도 가능할 것이다. 원화를 외화로 바꾸면 수수료가 높지만 비트코인으로 환전하면 상대적으로 저렴한 수수료로 외화를 손에 넣을 수가 있는 것이다.

거래소 가격차로
돈을 버는 '아비트리지^{Arbitrage}'

　다른 거래소에 비해 특정 거래소의 비트코인 가격이 항상 낮지는 않지만, 자연스럽게 몇 가지 차이가 생기게 된다. 예를 들어서 지금 이 시간에는 A 거래소의 비트코인 가격이 낮고, 다른 시간에는 B 거래소의 비트코인 가격이 낮을 때가 있다. C 거래소는 대부분 다른 거래소에 비해 비트코인 가격이 낮아 주로 거래를 하지만, 가장 낮은 곳은 아니다. 다른 거래소보다 항상 비트코인의 가격이 낮은 거래소는 없다. 때문에 거래소마다 그때그때 벌어지는 가격차에 주목해 이익을 얻을 수 있다.

　구체적으로는 보다 싼 곳에서 비트코인을 사서 비싸게 팔고 있는 비트코인 거래소로 비트코인을 송금한 뒤, 그곳에서 비트코인을 사는 방식이다. 이를 '아비트리지 거래(차익거래)'라고 한다.

　이것의 전제는 비트코인은 수수료가 낮아야 한다는 것이다. 수수료가 상당할 경우에 그 비용을 상회하는 만큼의 가격차가 발생하지 않는다면 이익을 얻을 수가 없다. 예전에는 비트코인 송금 수수료가 낮았지만, 지금은 상당히 올라서 이 또한 많은 고민을 하고서 임하는 것이 좋다.

　적은 금액이기는 하지만 이러한 방식으로 하루에 2회, 3회 거래를 하면 이익이 쌓인다. 용돈벌이 삼아서 '아비트리지거래'를 해보는 것도 그다지 나쁘지는 않다. 실제로 한국에서는 아비트리지가 생각보다 쉽지는 않다. 송금시간이 느리고(대체로 서너 시간이 걸리는 것은 기본임), 가격 등락폭이 심해서 오히려 아비트리지를 이용했을 경우 손해가 날 수도 있음에 주의해야 한다. 하지만 앞으로는 아비트리지도 투자의 한 수단으로 자리매김할 것에는 의심의 여지가 없다. 일본이나 미국 등 다른 나라에서는 아비트리지가 꽤 활성화되어 있다고 한다.

증거금 거래 이용하면 적은 자금으로도 큰 투자 가능

'증거금 거래'란 일정액의 증거금을 담보로 해서 비트코인을 거래하는 방식을 말한다. 우리나라에서는 마진 거래라는 용어를 쓰기도 한다. 이는 증권거래에서도 흔히 쓰는 방식으로 거래 방식 또한 비슷하다. 현재 내 수중에 있는 자금의 몇 배로 거래를 할 것인가, 그 배율을 '레버리지'라고 한다.

좀 더 쉽게 설명을 하자면, 수중에 있는 자금 100만원으로 레버리지 10배를 설정할 경우에 100만원을 증거금으로 하여 1,000만원까지 거래가 가능하다. 예를 들어서, A씨는 100만원을 가지고 통상적인 현물거래를 한다. 반면 B씨는 100만원을 증거금으로 하여 레버리지 10배로 증거금 거래를 한다고 가정해보자. 두 사람이 비트코인을 매수한 뒤에 10퍼센트 올랐다고 가정을 하면, A씨는 100만원×10%로 10만원의 이익을 얻었다. 하지만 B씨는 1,000만원의 비트코인을 매수했기 때문에 '1,000만원×10%'로 100만원의 이익을 얻을 수 있는 것이다.

증거금 거래로 투자액이 많아지는 만큼 기대할 수 있는 이익도 커지는 것이다. 다만 기대할 수 있는 이익이 크다는 것은 그만큼 리스크도 크다는 것을 의미하는 것이니, 만약 하락의 경우에는 A씨는 10만원을 손해 보지만 B씨는 100만원을 손해 본다는 사실도 같이 명심해야 할 것이다.

증거금 거래를 할 때는 '증거금'이 필요하고, 비트코인의 가격이 하락하여 손실이 난 경우에는 증거금으로 손실액을 정산하게 된다. 예를 들어서 증거금 100만원으로 거래를 하여 20만원의 손실이 발생한 상태에서 매도를 하려고 한다면 증거금에서 20만원이 빠져나가게 되는 것이다.

만약 100만원의 손해를 보고 있는 경우라면 어떻게 될까. 이 경우에 거래소가 강제적으로 정산을 집행한다. 즉 강제적으로 비트코인을 매도하는 것이다. 이때 100만원의 손실이 확정되고, 이 100만원은 증거금에서 충당하게 된다. 이를 '로스컷'이라고 하는 규칙으로, 더 큰 손실을 막기 위한 장치라고 할 수 있다.

시장가격이 급격하게 변동하는 경우에는 '로스컷'을 해도 증거금의 액수를 웃도는 손실이 발생하는 경우도 있다. 이와 같은 경우에는 부족한 액수만큼 채워 넣지 않으면 안 된다. 거래소에 따라서는 증거금의 일정수준까지 손해가 발생하면 로스컷을 하는 곳도 있다. 상세한 규정은 거래소마다 다르니 잘 파악하는 것이 현명할 것이다.

다시 말하면, 주식투자에서도 증거금 거래가 가능하지만 증권회사에 따라서는 주가 하락에 따른 손실액을 증거금에서 차감하기도 한다. 증거금 잔액이 일정 수준 이하를 밑돌게 되면 추가로 증거금(추가 증거금)을 적립하도록 요구하는 곳도 있다. 거래를 계속하다 보면 가격이 상승해 손실을 회복할 가능성도 있지만, 가격이 계속 하락해서 손실이 더 커지는 일이 발생할 수 있다. 추가 증거금이 필요하게 된 단계에서는 거래 중지를 신중하게 생각해야 할 것이다.

레버리지의 크기는 거래소에 따라 다르며 몇 배의 배율에서 고르는 것이 일반적이다. 배율이 클수록 하이리스크, 하이 리턴이기 때문에 어느 정도까지 리스크를 허용할 수 있는지를 생각한 뒤, 신중하게 투자를 할 필요가 있다. 증거금 거래는 고위험 고수익이니 투자에 익숙해지고 난 후 검토하는 것도 바람직하다.

우리나라에서는 최근까지 이런 제도가 있었다가 최근 암호화폐 시장에서 벌어지는 과열된 양상에 대하여 우려를 나타내는 관계 당국의 의견이 있었고, 이에 건전하고 안전한 시장조성을 위해 거래소에는 마진 거래를 중단하고 있는 상태이다. 우선은 이런 것이 있다는 것 정도만 알아두는 것이 좋을 것 같다. 미국이나 일본에서는 활성화되고 있으니 우리나라도 조만간 재개하지 않을까 하고 조심스럽게 전망해본다.

가격이 하락해도 이익을 기대할 수 있다

모든 투자가 그러하듯이 비트코인 투자 역시 가격이 오른 시점에서 매도를 해 차익을 보는 것이 일반적이다. 하지만 비트코인 가격이 하락하는 국면에서도 이익을 얻는 방법이 있다. 흔히 '매도부터 시작한다(선물거래)'라고 하는 투자 방법이다.

매도부터 시작한다는 것은 '매수한 것을 매도한다'가 아니고 '우선은 매도하고 나중에 매수한다'는 것이다. 쉽게 말하면 비트코인을 빌려 매도한 후에 나중에 비트코인을 매수해서 돌려주는 방식이다.

예를 들어서 1BTC가 60만원이라고 할 때 비트코인을 빌려서 매도하고, 50만원으로 하락했을 때 매수해서 돌려준다면 10만원의 이익을 얻게 되는 것이다. 비트코인의 가격이 하락함으로써 오히려 이익이 발생하게 되는 것이다.

매도부터 시작하는 경우에도 '증거금'이 필요하다. 기대한 만큼 비트코인 가격이 움직여주지 않았을 때(하락할 것으로 생각했는데 상승한다든지)에는 빌린 비트코인을 반환하지 못할 수도 있기 때문에 증거금을 담보로 하는 것이다,

또한 비트코인의 가격이 일정수준을 넘어가는 등 자본손실이 커지는 경우에는 로스컷이 될 수도 있다. 증거금 거래를 하는 동안 거래소에 소정의 수수료를 내야 하는 경우도 있다. 대부분의 거래소에서 선물거래가 레버리지를 하는 것도 가능하다. 하지만 레버리지가 클수록 리스크가 크니 주의해야 한다.

비트코인 투자 리스크

투자는 자기 책임 하에 해야 한다. 주식, 채권, 외화, 금과 같은 모든 투자에서 이익을 바라지만 그만큼 늘 위험도 따른다. 이는 비트코인도 마찬가지이다. 비트코인 투자에 있어서 가장 큰 리스크로 꼽는 것이 가격 급락이다. 그리고 급락요인으로 가장 많은 것이 거래소에서 발생하는 문제이다.

2016년 8월, 홍콩 최대 거래소인 비트피닉스에서 비트코인이 도

난당했을 때에는 거래 정지로 인해 가격이 급락했고, 불과 몇 시간 만에 약 20퍼센트가 하락했다. 그 뒤에 곧바로 10퍼센트 정도 상승하여 급락하기 이전 수준까지 회복을 했지만 거래소에서 발생한 문제가 몇 번이나 비트코인 가격에 큰 영향을 미쳤다는 점은 부정할 수 없다.

이러한 문제 중 가장 많은 경우가 인터넷상의 '핫 월릿'에서 발생한 해킹에 의한 도난사고다. '콜드 월릿'에서 발생한 문제는 틀림없이 내부 소행일 것으로 추측하고 있다. 거래소가 보안을 강화하지 않으면 안 되는 것은 당연하지만 안심하고 거래할 수 있는 거래소를 선택하는 것도 중요하다.

또 외국에서는 국가 차원에서 비트코인을 인정하지 않는 곳도 있다. 러시아에서는 거래를 금지하고 있으며, 중국은 금융기관의 취급을 금지하는 바람에 가격이 폭락하였다. 만약 암호화폐가 범죄에 사용되고, 그것이 발각되는 순간에는 거래 정지로 인해 가격이 폭락할 가능성이 크다. 이처럼 비트코인도 언제든지 리스크에 노출될 수 있다는 사실을 항상 염두에 두어야 할 것이다.

비트코인 투자,
미래에는 어떻게 확산될까

장기보유나 분산투자로 비트코인을 산다

중장기적으로 비트코인 가격이 상승한다면 조금씩 매수해서 장기보유로 방향을 정하는 것도 괜찮은 방법 중의 하나이다. 실제로 단기 매매도 많이 하지만 중장기적으로 보유하는 사람들도 점차 늘어나고 있다.

자산을 운용함에 있어서 주식이나 채권, 금, 부동산과 같은 다양한 자산에 분산투자를 한다. 미래의 예측할 수 없는 위험으로부터 자산을 보호하려는 방법 중의 하나이다. 이런 것을 자산의 포트폴리오 구성이라고 하는데 비트코인도 분산투자의 한 방법으로 인정받을 가능성이 높다.

분산투자를 하는 또 하나의 이유는 신흥국 및 선진국, 그 외 국가에서 가격 변동폭이 다르기 때문이다. 분산투자를 해 두면 어딘가, 무엇인가의 자산가치가 하락해도 다른 자산이 그것을 상쇄시켜 가격 변동을 억제하는 효과가 있기 때문이다.

금은 금융위기와 정세 불안이 일어날 때 수요가 몰린다. 국가의 정책에 좌우되지 않는 비트코인도 금과 마찬가지로 어떠한 사건에 의해 가격이 상승하는 성질이 있다. 영국이 EU 탈퇴 문제가 국제적 이슈로 등장했을 때 가격이 상승했다. 이런저런 이유로 비트코인도 분산투자의 한 수단으로 서서히 자리매김하고 있는 중이다.

금융상품에도 파생

페이스북 초기 멤버였던 윙클보스 형제가 비트코인 ETF를 개발하여 상장을 추진하고 있다. ETF란 특정 지수에 의해 가격 움직임을 연동시킨 주식이다. 예를 들어, 코스피 평균 주가에 연동하는 ETF를 사게 되면 코스피 평균주가와 동일한 투자성과를 올릴 수가 있는 것이다.

마찬가지로 비트코인 ETF에 투자함으로써 비트코인에 투자하는 것과 같은 효과를 얻을 수 있다. 적은 돈으로 매매하기 쉽고 레버리지를 걸기 쉬워 사용방법에 따라서는 비트코인을 직접 매매하는 것보다 큰 이익을 얻을 수 있다.

본격적인 비트코인 투자자도 등장

비트코인 거래를 생계 수단으로 하는 프로 투자자는 아직 많지 않지만 앞으로는 FX, 주식과 같이 비트코인 데이 트레이더를 직업으로 하는 사람과 비트코인 매매로 억만장자 반열에 오르는 사람들이 등장할 것으로 예상이 된다. 일본에서는 2017년 법 개정으로 인지도가 올라 투자대상으로 비트코인의 잠재력이 점점 더 커지고 있다. 우리나라도 곧 그럴 환경이 조성되었으면 한다. 비트코인을 투기 상품으로 보지 말고 하나의 금융상품으로 보아서 규제와 육성을 적절히 해 나간다면, 또 하나의 경제성장 동력이 될 것이다.

안심할 수 있는
거래소를 선택하라

가장 중요한 것은 관리체제와 경영상태

거래소를 선택할 때 가장 중요한 것은 관리 체제와 경영상태이다. 거래소에서 비트코인을 도난당한 사건이 발생했다. '콜드 월릿'으로 관리하여 해킹의 위험을 회피하는 것과 같은 안전체제가 정비되어 있는지, 또 내부 직원이 범행을 저지르지 않도록 대책이 세워져 있는지를 가장 우선적으로 확인해야 한다.

만약 거래소가 파산할 경우, 예금한 돈이 사라질 가능성이 있기 때문에 건전한 경영상태에 있는 회사인지 파악하는 것도 중요하다. 재무기반이 약한 거래소에서는 투자자들이 예치한 돈을 운영자금으로 사용하는 경우도 있다. 결산자료를 공표하고 있지 않으면 확인하기 어려운 것이 현실이지만, 입소문과 같은 수단을 통해서 혹은 인터넷에 떠도는 정보를 확인하는 방법 등을 동원해서 반드시 체크해야 한다.

유동성도 체크

유동성도 거래소마다 다르다. 비트코인이나 주식 매매에서도 팔고 싶은 사람이 없으면 살 수 없고, 사고 싶은 사람이 없으면 팔 수 없다. 유동성이란 사고 싶을 때 살 수 있고, 팔고 싶을 때 팔 수 있는 정도를 말한다. 거래량(취급량)이 많을수록 유동성이 높아서 안심할 수 있다. 거래량은 공표되고 있지만 자기매매(거래소를 운영하는 회사의 자금으로 매매하는 것)에 의해 거래량이 증가하는 거래소도 있을 수 있으니 주의를 하기 바란다.

원하는 거래가 가능한가, 사용하기에 편한가

거래소에 따라 취급하는 통화가 다르다. 비트코인과 이더리움은 대부분의 거래소에서 살 수 있지만, 그 외 자신이 주목하고 있는 알트코인을 사고 싶은 경우에는 취급하고 있는 거래소 중에서 선택해야 한다. 단 소수통화는 유동성과 안전성이 낮을 가능성이 높기 때문에 신중하게 투자하는 것이 좋다.

레버리지 비율도 거래소에 따라 각기 다르기 때문에 레버리지 배율로 거래소를 선택하는 방법도 있다. 편리함도 중요하다. 화면이 보기 쉽다거나 조작하기가 편리하다는 등 기호가 다르기 때문에 미리 웹사이트를 보고 확인하는 것도 좋다. 거래방법을 비롯해 거래소가 제공하는 정보를 충분히 받기 원하는 경우에는 고객센터가 있는 곳을 이용하면 안심할 수 있다.

여러 거래소를 비교해 보자

비트코인은 '아비트리지거래'를 통해 차익을 얻는 것도 가능하기 때문에 복수의 거래소에 계좌를 개설하는 방법이 좋다. 두세 곳의 거래소에 계좌를 열어 어느 거래소가 가장 사용하기 쉬운가, 매수하기 쉬운가, 매도하기 쉬운가와 같은 점을 비교해보면 좋다. 처음부터 여러 개의 계좌를 개설하면 관리하는 것이 어렵기 때문에, 우선은 한 곳에 계좌를 열어 거래에 익숙해진 뒤에 하나씩 계좌를 늘려가는 것이 가장 좋다.

여러 거래소를 시험해봄으로써 유동성의 높고 낮음에 대한 점도 실감할 수 있다. 본격적인 거래를 하고자 하는 사람은 거래소가 갖추고 있는 거래 프로그램에도 주목할 필요가 있다. 거래 프로그램이란 자동매매(가격을 설정해두면 그 가격이 되었을 때에 자동적으로 매매 주문을 낸다)와 같은 기능이 가능한 것이다.

암호화폐거래소도 해킹당할 수 있다

비트코인은 실물로 존재하는 것이 아니기 때문에 잃어버리거나 도난당할 우려가 없다. 또한 거래의 비밀성이 보장되기 때문에 화폐의 기능 가운데 하나인 안전성도 우수하다. 그러나 암호화폐를 관리하는 거래소의 안전이 완벽하다고 말할 수 없다. 지금까지 암호화폐거래소는 수차례 해커들의 공격대상이 되어 왔기 때문이다.

계좌를 열어 비트코인을 사보자

거래소를 선택했다면 계좌를 개설한다. 우리나라 거래소의 경우, 거래소를 선택했다면 거래소 등록(sign up)사항에 맞추어 이메일 주소와 비밀번호를 설정(최근 들어 개인 보안을 위해 OTP를 설정)한 후 가입신청을 하면 거래소로부터 접수 완료 메일이 도착한다. 본인 메일에서 승인 후에 거래가 시작된다. 업비트(upbit)의 경우에는 카카오톡으로 인증문자 확인 후에 가능하다.

암호화폐를 사기 위해서는 미리 자금을 거래소에 입금해둘 필요가 있는데, 은행에서 자신의 거래소 계좌로 자금을 송금하면 된다. 이때 송금 수수료는 자기부담이 된다. 입금을 완료한 후 거래소의 계좌에서 입금이 확인되면 바로 거래를 시작할 수 있다. 외국 거래소는 국내에서 비트코인을 사서 해당 거래소로 송금한 후 암호화폐를 매매할 수 있다.

거래단위는 거래소에 따라 다르지만 몇 천원부터 매매가 가능하다. 비트코인 매매는 24시간 365일 가능하다. 매매수수료 또한 거래소에 따라 다르다.

일본의 경우에는 비트코인으로는 증거금 거래가 가능하다. 증거금 거래를 할 경우 종합계좌와는 별도로 '증거금 거래 계좌'를 만들어야 한다. 증거금 거래는 통상적인 매매보다 리스크가 크기 때문에 금융자산을 50만 엔 이상 보유하고 있어야한다는 것과 자본금에 대한 조건과 연령에 대해 제한을 두고 있는 경우가 많다. 또 증거금 거래를 하는 경우에는 별도의 비용이 발생한다.

비트코인 매매로 얻은 이익(매각이익)에 대한 세금부과가 공론화되고 있다. 참고로 가까운 일본은 잡소득으로 종합과세(다른 소득과 합쳐서 계산한 세액) 대상이 된다.

암호화폐를 보관하는 전자지갑, 월릿

암호화폐를 소유하게 되면 월릿(wallet)이라 불리는 전자지갑에 넣어서 보관하게 된다. 이는 은행계좌와 비슷한 기능을 갖추고 있다. 즉 암호화폐 월릿이란 암호화폐를 저장해두는 장소를 말하며, 개인의 계좌에 해당하는 것이다. 거래소에 계좌를 열면 거래소마다 월릿을 만들게 된다. 마치 은행 거래를 할 때 은행마다 계좌가 개설되는 것과 같은 이치다. 계좌에서 암호화폐를 사게 되면 그 암호화폐는 자동적으로 월릿에 들어간다. 이후부터 월릿에서 다른 월릿으로 송금을 하거나 상점에서 결제할 때 사용할 수 있다. 하나의 월릿에는 비트코인만이 아니라 이더리움이나 라이트코인과 같은 다른 암호화폐도 동시에 보관이 가능하다.

'핫 월릿'과
'콜드 월릿'

월릿은 크게 '핫 월릿'과 '콜드 월릿'으로 나누어진다. 핫 월릿은 네트워크에 접속되어 있는 지갑이다. PC안에 두는 '데스크톱 월릿', 인터넷상의 '웹 월릿', 스마트폰에 넣는 '모바일 월릿' 등이 있다. 모두 소프트웨어나 애플리케이션을 직접 다운로드해서 그곳에 암호화폐를 보내는 것이다. '콜드 월릿'은 네트워크에 접속되어 있지 않은 지갑이다. 콜드 월릿에는 전용의 단말기를 사용하는 '하드웨어 월릿'이 있다. USB로 PC에 접속하여 비트코인의 데이터에 옮겨서 사용한다. 그밖에도 종이로 된 지폐와 같은 느낌의 '페이퍼 월릿'이 있다. 인쇄된 QR코드를 활용해서 비트코인 데이터를 넣어 사용하는 것이다. 3BTC를 넣으면 3BTC만큼, 5BTC를 넣으면 5BTC만큼 가치를 지니며, 보기에는 마치 지폐와 같은 모양이지만 법정통화가 아니다. 페이퍼 월릿은 QR코드를 해독할 수 있는 상대가 아니면 가치가 없다.

콜드 월릿은 해킹 등 인터넷 접속을 통한 위협으로부터 보호받을 수 있는 장점이 있는 반면, 월릿을 잃어버린다거나 단말기 고장으로 데이터를 복구할 수 없게 되면 아무런 손을 쓸 수가 없다는 약점이 있다. 지갑을 잃어버렸을 때의 리스크와 같다고 할 수 있다. 이와는 반대로 핫 월릿은 해킹 등의 위협에 노출될 리스크가 있는 반면, 특정 서버에 데이터가 저장되어 있기 때문에 개인의 실수로 잃어버리는 일을 피할 수가 있다. 은행의 카드를 잃어버려도 곧바로 신고하면 악용을 방지할 수 있는 것과 같은 이치다.

핫 월릿과 콜드 월릿에는 각각 장단점이 있어서 어느 쪽이 좋다고 단언할 수는 없다. 핫 월릿은 인터넷에 접속되어 있기 때문에 해킹을 당하면 암호화폐를 잃어버릴 수 있다. 또한 사용하는 단말기가 바이러스에 감염되거나 해킹으로 월릿을 도난당하게 되면 암호화폐를 분실할 수 있다.

콜드 월릿은 해킹 피해를 막을 수 있지만, 지갑과 마찬가지로 분실하거나 저장장치가 고장이 나면 암호화폐를 잃어버릴 수도 있다. 저장장치가 고장이 났을 경우에는 암호화폐를 영원히 분실할 수도 있다는 것이다. 암호화폐는 존재하지만 암호화폐를 사용할 수는 없게 되는 것이다.

일본에서는 이런 일도 있었다고 한다. 2013년 당시 가치로 7억 엔(한화 약 70억원) 상당의 비트코인을 하드디스크에 보관해두었던 일본 남성이 이사를 하던 중에 이를 쓰레기로 착각해서 버려버렸다. 콜드 월릿은 이와 같은 분실과 고장의 위험이 있는 것 외에도 저장장치 자체를 도난당할 위험 또한 있다. 기본적으로 거래소의 콜드 월릿에 보관해두면 거래, 결제, 송금에도 곧바로 대응할 수가 있으니 효율적인 방법인지도 모른다.

거래소에서 구입한 암호화폐는 보통 거래소의 월릿으로 관리한다. 그중에는 상당한 금액의 암호화폐를 거래소 월릿에 보관해두는 사람도 있다. 암호화폐 거래량이 많은 사람들의 경우, 암호화폐 거래소에서 블록체인 인포나 마이 이더리움 월릿 등에 옮겨두는 편이 안전하다고 할 수 있다. 암호화폐 사용이 점점 확대되고 발전하면서 가격 또한 급등하고 있다. 그에 따라서 투자대상으로서 매력도 점점 더 커지고 있다. 이런 이유로 해킹 범죄 가능성이 점점 커지고 있는 것이다.

사실상 암호화폐를 100퍼센트 안전하게 보관하는 방법은 없다. 핫 월릿은 주로 매매용으로 사용하고, 콜드 월릿은 자산보관용으로 사용하는 것이 가장 좋다고 할 수 있다. 누구나 안전하게 보관할 수 있는 방법을 개발하는 것 자체가 하나의 비즈니스로 성립할 가능성도 있다. 이런 의미에서 신뢰할 수 있는 거래소의 선택이 그 무엇보다도 중요하다고 할 것이다.

거래소는
콜드 월릿으로 관리

거래소의 계좌에 들어 있는 암호화폐를 구매대금 지불 등에 사용할 경우에는 스마트폰으로 거래소 월릿에 접속하면 된다. 미리 스마트폰 전용 애플리케이션을 설치해 두면 결제에 사용할 수 있다. 참고로 비트코인은 거래소의 월릿에 넣어둘 수 있기 때문에 무리하게 다른 월릿을 가지고 있지 않아도 된다.

한편 인터넷을 사용하지 않고 바로 그 장소에서 결제를 하고 싶은 경우에는 콜드 월릿에 비트코인을 넣고 다니면 된다. 예를 들어, 3BTC를 구매했다면 1BTC만 콜드 월릿에 넣고 2BTC은 거래소에 남겨두는 것이 가능하다.

콜드 월릿에는 분실과 같은 위험이 있고 핫 월릿에는 외부로부터 공격을 당할 위험이 있으므로, 두 가지 경우 모두 위험에 대해 정확하게 인식해야 한다. 대부분의 거래소에서 투자자들은 비트코인을 콜드 월릿에 넣어서 관리하기 때문에 이러한 조치를 취하고 있는지를 확인한 뒤 거래소의 월릿에 넣어두는 것이 가장 안전한 방법이라고 할 수 있다. 이는 거래소마다 다를 수 있으니 계좌를 만들 때 꼭 확인해야 한다.

암호화폐를 얻는
두 가지 방식

    암호화폐를 얻는 방식에는 크게 두 가지가 있다. 첫 번째는 거래소에서 거래를 통해 암호화폐를 매수하는 것이다. 일반적으로 주식거래를 하는 방식과 비슷하다. 물론 완전히 같지는 않다. 다소다른 측면도 있고 주의해야 할 측면도 있다.

    두 번째는 본인이 직접 암호화폐를 만들어내는 방법이다. 이것을 채굴(mining)이라 한다. 기존의 화폐 시스템은 화폐 발행주체가 정해져 있다. 대부분 중앙은행이 하는데, 한국에서는 한국은행이 한다. 우리는 화폐를 갖기 위해 물건이나 용역(서비스)를 제공해야 한다. 가끔 물건이나 용역의 제공 없이 화폐를 얻기 위해서 은행을 털거나 위조지폐를 만드는 사람이 있다. 명백한 범죄행위이다.

    하지만 주식은 개인이 발행할 수 있다. 누구나 주식회사를 만들면 이미 주식을 발행한 것이 된다. 게다가 그 회사를 잘 성장시켜 상장을 하면 그 주식의 가치는 엄청나게 되는 것이다. 삼성전자의 주가를 봐라. 다른 회사 주식을 다발로 가져와야 겨우 몇 개 가져갈 수 있을 정도이다. 주식은 사고파는 게 가능하다. 시장이 보호하고 모든 사람이 주식을 신뢰하기 때문이다. 일반인 모두가 주식을 발행하지는 않는다. 대부분은 그저 누군가가 발행한 주식을 거래할 뿐이다.

기존의 화폐는 일반적으로 화폐 자체가 거래되지 않는다. 물론 외환시장 등은 예외적이지만 그것은 국가나 특정 집단이 하는 일이고, 일반인은 외환거래를 하지 않는다. 한국에서 화폐는 그저 교환수단이고 가치의 기준이므로 가치의 기준 자체를 거래하지는 않는다. 그런데 암호화폐는 화폐라고 불리면서 주식처럼 거래되는 속성이 있다.

암호화폐는 화폐와 주식의 특징 중 일부를 가지고 있다. 물과 육지에서 모두 사는 양서류를 생각하면 될 것이다. 화폐로서의 기능도 하고 거래도 되는 암호화폐. 이런 이유로 화폐에 대해서 '고정관념이 강한 일부 지식인'들은 암호화폐를 '사기(fraud)'라는 단어를 쓰며 경멸하고 있다. 정확히 말하면 그가 머리가 나쁜 것인데 말이다.

채굴을 통한 암호화폐 획득

금은 광산에서 캐야 한다. 물론 사금의 경우에는 물에서 얻을 수 있다. 금이 좋다고 해서 모든 사람이 금을 캐지는 않는다. 특정 광산업에 종사하는 사람들만이 광부를 고용하여 금을 캐서 시장에 유통한다. 금을 캐기 위해서는 많은 자본과 시설이 있어야 하고, 만약 원하는 금이 나오지 않을 경우에는 파산할 수 있는 위험이 있기 때문에 하고 싶다고 해서 아무나 할 수 있는 것은 아니다.

그러나 암호화폐는 아무나⑺ 채굴할 수 있다. 금을 캐는 방법보다는 훨씬 쉽고 돈도 적게 들어가고 막장이 무너지는 위험 따위는 존재하지 않는다. 암호화폐 채굴이란 고성능컴퓨터를 사용하여 특정 암호화폐(예를 들면 비트코인)에 대응하는 아주 복잡한 연산문제 혹은 암호를 해독하는데 그것을 해독하게 되면 암호화폐가 만들어지고, 그것이 당신의 소유가 되는 것이다.

인터넷 검색을 통해서 '암호화폐 채굴기'를 검색하면 많은 글들이 있다. 요즘에는 이더리움이 비트코인을 대신하는 암호화폐로 부상 중이니 이더리움 채굴기로도 검색해도 많은 정보가 있을 것이다. 문제는 당신이 채굴을 하여 수익을 낼 수 있느냐의 문제이다. 옥션에서도 암호화폐 채굴기를 팔고 있고, 개인적으로 조립해서 파는 사람도 있다. 함께 채굴장을 운영하자는 제안도 그 안에 있을 것이고, 채굴을 대행해준다는 사람도 있을 것이다. 심지어 중고 채굴기를 파는 사람도 있을 것이다.

채굴을 통해 고수익을 얻기도 한다. 작년 초까지의 이야기이다. 비트코인도 이더리움도 채굴에 소요되는 여러 가지 비용 대비 수익이 그다지 좋은 편이 아니다. 때문에 채굴은 신중하게 알아본 다음에 시작하는 것이 좋다.

우선 암호화폐에 처음 들어온 사람들은 거래소에서 암호화폐를 구입하여 그것을 가지고 어떻게 수익을 낼 것인지 고민하는 데도 시간이 많지 않음을 명심해야 한다. 거래에 익숙해지거든, 주변의 전문가에게 채굴에 대해 물어보고 시작하는 게 좋다. 그렇더라도 비트코인이나 이더리움은 어려우니 다른 알트코인을 하는 것이 좋다고 말하고 싶다.

2013년까지만 해도 대부분의 비트코인 채굴은 그래픽 카드에 의해 이루어졌다. 그러다가 2013년 10월부터 비트코인 가격이 급등했다. 20달러에서 1,200달러까지 한 번에 급등했다. 그러자 비트코인으로 돈을 벌려는 사람들이 늘어나면서 그래픽 카드가 아닌 좀 더 효율적인 장치를 고안하게 된다. 그것이 바로 ASIC(Application Specific Integrated Circuit, 특정 용도의 집적 회로의 총칭으로 주문형 반도체)이다. 쉽게 말해서 그래픽 카드에서 비트코인과 관련된 부품만 모아서 하나의 기계 안에 많이 넣은 것이다.

이렇게 ASIC가 출시되면서 기존의 그래픽 카드를 이용한 채굴 시장은 붕괴되었다. 이제는 아무도 비트코인을 그래픽 카드로 채굴하지 않고 모두 ASIC를 이용해서 채굴한다. 2013년에 USB(Universal Serial Bus) 개미 채굴기가 선을 보이고 곧바로 왕개미 채굴기가 등장하게 된다. 이름이 개미 채굴기인 이유는 영어로 AntMiner이기 때문이다.

가짜 코인
구분법

일반인들은 암호화폐를 잘 모른다. 비트코인인가 뭔가를 들어본 정도라고 할 수 있다. 그마저 하도 뉴스에서 떠드니까 그런 게 있나보다 하는 정도이다. 최근 연일 많은 방송과 경제지에서 비트코인이나 이더리움과 같은 암호화폐를 많이 다룬 덕분에 사람들도 대체로 비트코인이나 이더리움 정도는 익숙해 있다. 이런 틈새를 노려서 가짜코인이 판을 친다. 사기만 하면 바로 비트코인이나 이더리움처럼 오를 것이라고 속이는 것이다. 아니 최소한 지금은 아니더라도 나중에 비트코인이나 이더리움처럼 중심통화 역할을 할 것이라고 홍보하는 것이다.

코인마켓캡(http://coinmarketcap.com)에 접속을 하면,

현재 거래되고 있는 코인을 알 수 있다. 여기에는 2017년 12월에 무려 1,373개의 코인이 거래되고 있다. 앞으로 더 많아질 것이다. 하지만 가짜 코인을 파는 사람들은 아직 상장되지 않아서 그런다는 것이다. 곧 상장될 것이고 상장되기만 하면 100배, 1,000배 뛴다고 현혹한다. 현실은 상장되지 않고 폐기된 코인들이 많다. 굳이 상장 전에 구매하는 것보다 상장 후에 거래 추이 등을 보고 신중하게 진입하는 편이 나을 것이다.

암호화폐는 비장상 주식과는 다르다. 주로 프리 세일기간이나

ICO를 통해 매매를 시작하는 것이 일반적이나, 근래에는 ICO 관련 규제가 많기 때문에 ICO를 통하지 않고 거래되는 암호화폐도 있다. 이중에는 오히려 ICO를 통해 매매되는 암호화폐보다 우량한 것도 있다. 백서 등을 통해 코인의 진정성을 판단해야 하지만, 이 또한 일반인에게는 어려운 일이다. 한마디로 정보에 대한 신뢰도가 없다면 움직이지 않는 것이 좋다. 앞으로 기술력이 좋고 투자 가치가 있는 암호화폐가 계속 나올 것이기 때문이다.

POS 전환되면
더 이상 채굴이 되지 않는데
그래도 채굴해야 하나?

POW는 Proof of Work(작업 증명)의 약자이다. 일을 한 대가로 암호화폐를 주는 것이니 채굴을 말하는 것이다. 비트코인이 만들어졌을 때 이 방식을 사용하였다. 이에 비해 POS는 Proof of Stake(자산증명)의 약자이다. 암호화폐를 가지고 있으면 그에 비해서 암호화폐를 받는 방식이다.

단순하게 말하면, POS 방식으로 전환되면 채굴이 필요 없게 되는 것은 맞다. 하지만 POS 전환이라는 것이 말처럼 쉽지 않다. 아무리 테스트를 반복해서 검증된 기술이라도 실제 상황에 가면 예측하지 못한 수많은 문제가 발생하게 된다. 그때까지는 채굴을 할 필요가 있다. 혹시 비트코인이나 이더리움 채굴을 더 이상 할 수 없는 상황이 오더라도 끝난 것은 아니다. 그 채굴기로 다른 알트코인을 채굴할 수 있기 때문이다. 어쨌든 자신이 컴퓨터공학에 전문적인 지식을 가지고 있다면 채굴을 권장하겠지만, 그렇지 않다면 거래 시장에서 자신의 능력을 발휘하는 것이 좋을 것이다.

채굴, 너무 늦은 것은 아닐까?

채굴기가 늘지 않아도 어차피 채굴 난이도는 증가하게 되어 있다. 따라서 채굴량도 줄어든다. 게다가 채굴기가 늘어나면 한 채굴기에 분배되는 암호화폐 양이 줄어든다. 암호화폐 가격이 지속적으로 상승한다면 문제는 달라진다. 채굴량이 줄어든다고 해도 가격이 상승하면 수익률은 보전되는 것이기 때문이다. 아니 수익률이 다소 떨어진다 해도 지금처럼 좋은 수익률에서 약간 떨어지는 것이다. 다른 투자종목에 비해서 여전히 경쟁우위에 있다는 것이다. 계속해서 암호화폐 시장을 분석하면서 유망한 알트코인을 찾아서 채굴하는 것도 괜찮은 방법 중의 하나이다.

다른 코인을 채굴하는 것은
어떨까요?

비트코인을 캐는 사람도 있고 이더리움을 캐는 사람도 있다. 비트코인을 캐는 사람은 비트코인의 가능성을 믿는 사람이다. 이더리움을 캐는 사람도 마찬가지이다. 그렇다면 다른 알트코인을 캐는 경우도 이와 마찬가지라는 결론을 낼 수 있다. 당신이 다른 알트코인을 연구해서 그 코인의 미래를 믿는다면 채산성에 관계없이 그 코인을 캐면 된다. 라이트코인, 이더리움클래식, 제트캐시 등을 캐는 사람들도 주변에 있다. 사실상 채굴은 반감기가 빨리 와서 채산성이 떨어지기 때문에 원하는 수익을 기대하는 데는 못 미칠 것이다. 예를 들어, 2017년 하반기에 대시 채굴기가 선풍적으로 인기를 끌었으나 기계가 수입산이다 보니 들어오는 시간 동안 반감기가 시작되어 채산성이 급격히 떨어져 손해를 보았다는 이야기가 심심찮게 들린다.

비트코인이 비싸니 비트코인을 캐는 게 낫지 않을까?

현재 비트코인은 2,000만원이 넘고 이더리움은 100만원이므로 채굴량이 비슷하다면 당연히 비트코인 채굴이 수익이 날 것이다. 하지만 비트코인이나 이더리움은 채굴량이 그다지 나오지 않는다. 다른 말로 표현하면 똑같은 에너지를 소비했을 때 코인마켓캡에 등재되어 있는 알트코인을 골라서 채굴하는 것이 현금으로 돌아오는 수익이 높다는 것이다. 즉 채산성이 낮아서 신규로 진입하는 사람은 비트코인을 캐지 않는다는 말이다. 다만 예전부터 비트코인을 채굴하는 사람들은 여전히 비트코인을 캐고 있다. 자유주의 국가이니 뭐라 할 일은 아니다.

해외거래소 플로닉스나 비트렉스에 거래해도 되는가?

가입절차가 까다롭기는 하나 가능한 일이다. 영어로 되어 있어서 불편하기는 하지만 요즘에는 구글 번역기가 있어서 의사소통에는 크게 문제가 없다. 장점은 국내 거래소에 상장되지 않은 다양한 코인들이 상장되어 있다는 것이다. 만약 알트코인에 대한 제대로 된 정보가 있다면 플로닉스나 비트렉스를 통해서 거래가 가능하니 이용해도 좋을 것이다.

다만 플로닉스나 비트렉스는 해외 거래소이다 보니, 한국 사람이 이용하기에 송금 등에 약간의 제약이 있을 것이다. 그러나 플로닉스는 2017년 초기까지 외국 거래소로서 많은 알트코인으로 수익을 내는 경우가 많아서 활발한 거래량이 있었으나 비트코인 하드 포크 시 비트코인 캐시를 지급하겠다는 공지를 띄우지 않고 늑장대처를 하는 동안에 그동안 플로닉스에서 불편한 거래를 호소하던 사람들이 비트렉스로 대거 이동했다. 뒤늦게 플로닉스에서도 비트코인 캐시를 지급하겠다고 했으니 이미 신뢰성을 잃은 상태다. 실제로, 새로운 알트코인들은 주로 비트렉스에서 많이 거래되고 있다. 한국은 업비트가 생긴 이후, 알트코인 거래는 업비트를 많이 이용하고 있는 추세다.

비트코인에 투자하는
회사라면서 지분투자를
하라고 하는데?

그런 것들이 많이 있다. 특히 1,000만원을 투자하면 월 70만원을 확정적으로 준다는 것들도 있다. 폰지일 가능성이 많다. 폰지란 신규 투자자의 돈으로 기존 투자자에게 이자나 배당금을 지급하는 방식의 다단계 금융사기를 일컫는 말로, 1920년대 미국에서 찰스 폰지(Charles Ponzi)가 벌인 사기 행각에서 유래되었다. 다른 말로 폰지 게임(Ponzi game)이라고도 한다.

채굴기를 이용하여 이더리움을 포함한 알트코인을 채굴하면 연 30% 정도의 수익률이 나올 수도 있다. 예상이 그런 것이니 경우에 따라서 10%가 될 수도 있을 것이다. 아닌 말로 1%가 될 수도 있다. 그러니 70%는 너무 많다. 또 확정이라는 말을 너무 믿지도 말라.

◇◇코인이라고 하면서
곧 상장을 하면 대박이 난다던데?

　대개 알토코인은 ICO를 통한다. ICO(initial coin offering)는 글자 그대로 암호화폐 대공개이다. 새로운 암호화폐를 개발하면 이를 분배하겠다는 약속을 하고 자금을 끌어 모으는 크라우드 펀딩방식인 것이다. 한 마디로 암호화폐를 상장하기 위해서 자금을 모으는 과정일 뿐이다. ICO를 진행하기 전에 프리 세일(free sale)이나 기관투자를 통해서 진입한 경우에도 수익이 높아질 수 있다. 중요한 것은 정확한 정보다. 당신이 상대방이 준 정보를 분석하고 대응할 수 있다면 투자를 해도 괜찮지만, 그런 정도의 지식이 없거나 판단할 능력이 없다면 ICO든 프리세일이든 기관투자를 통해서 진입하는 경우든 의미가 없다. ICO를 통했다고 해서 반드시 상장된다는 법도 없고 프리세일이나 기관투자를 통한다고 해서 모두 '가짜'라고 말할 수 없다. 그만큼 암호화폐 시장 메커니즘이 복잡하다.

암호화폐
거래 정말 안전한가?

　금융감독원은 2017년 6월 22일 국내 암호화폐 거래량이 급증하는 등 시장이 과열되고 있어 암호화폐 이용자들의 피해가 우려되는 상황이라면서 몇 가지 투자 유의사항을 밝혔다. 그 내용을 중심으로 암호화폐가 정말 안전한가 알아보자.

가상화폐는 법정통화가 아니다

　이는 인공지능이 지능이 아니다 라는 말과 같은 의미이다. 화폐라고 불리지만 정부에서 정식으로 보증을 받을 수 없다. 예금보험공사의 보호대상에도 포함되지 않는다는 말이다. 결국 피해가 발생하면 고스란히 개인이 그 피해를 떠안을 수밖에 없는 구조로 되어 있다.

암호화폐는 급락 시에 제동장치가 없다

　암호화폐는 가치 급락으로 인해 무한 손실 가능성이 있다. 금융투자상품이 아니므로 가치가 급등 또는 급락으로 인해 거래를 일시 정지하는 주식 시장의 서킷 브레이크 같은 제도가 없다. 최근에 해외거래소에서 이더리움 가격이 300달러에서 10센트로 급락한 일도 있었다고 한다. 일반 투자자들은 이를 속수무책으로 바라

볼 수밖에 없다. 암호화폐가 제도권으로 들어오기 전까지는 '이상한 일'로 보아서는 안 된다.

다단계 유사코인에 대한 주의가 필요하다

최근 비트코인과 이더리움의 인기에 편승한 유사코인들이 다수 출현하고 있다. 이 유사코인들은 높은 수익률을 미끼로 다단계 영업 방식으로 투자자들을 현혹하고 있다. 정상적인 코인들은 백서가 오픈되어 있으며 세계적으로 통용되는 코인이다. 반면에 유사코인은 백서를 오픈하지 않는다. 의심하지 않을 수 없는 부분이다. 또한 특정한 집단 내에서 특정한 용도로 쓰이며 자기들만의 거래소에서만 거래하기도 한다. 당연히 시세조작을 할 수가 있어서 신뢰할 수 없다는 말이다. 거래소는 돈이 있으면 만들 수 있다. 모든 거래소가 다 신뢰가 가는 것은 아니다. 특정 거래소에 상장되었다는 이유만으로 공신력을 인정받는 것은 아니다.

해킹 등의 사태에 대한 주의가 필요하다

원래 암호화폐는 해킹의 위험을 줄이려는 보안장치를 감안하여 설계되었지만, 현재 여러 가지 이유로 해킹의 위험이 있는 것이 사실이다. 실제로 해킹도 많이 일어나고 있다. 또한 사기를 당하거나 도난을 당했을 때 그것을 검증하거나 구제할 그 어떤 법적 체계도 만들어지지 않은 상황이다. 따라서 암호화폐는 해킹 등에 의해 일단 유출이 되면 그것을 복구하기는 거의 불가능에 가깝다. 특히 거래소 등의 전산시스템이 취약한 경우에 거래소 자체의 해킹으로 인해 모든 고객의 자산이 한꺼번에 유출될 가능성이 있다. 이런 의미에서 거래소의 신뢰성을 꼼꼼히 따져보고 믿을 만한 거래소를 선택하는 것이 중요하다.

현재 암호화폐 거래소마다 개인 문자인증이나 OPT설정을 통해 출금 등의 보안을 해놓기는 했으나, 이메일 등을 통해 거래소가입이 가능하기 때문에 이메일이 해킹당하지 않게 조심 또 조심해야 한다.

특히 거래소의 경우 보안과 암호 등에 관한 전문성을 잘 살펴보아야 한다

최근에 국내 거래소 한 곳이 보안관리 허술로 인해 해킹을 당한 사례가 있다. 이런 경우 거래소의 문제인지 사용자 고객 개개인의 관리 소홀인지 그 책임 소재가 명확하지 않으므로, 해당 거래소에서는 일단 개인에게 그 책임을 전가해 버렸다. 물론 개인은 거래소를 믿고 거래하지만 그 거래소가 믿을 만 한지에 대한 판단은 개인 스스로의 몫이다.

보안을 철저히 하다 보면 다소 불편함이 발생한다. 즉 어떻게 보면 고객을 불편하게 하고 고객을 까다롭게 대하는 것 같은 거래소가 오히려 고객을 더 잘 보호할 수 있다는 역설이 성립한다.

피자 데이

비트코인으로 피자를 결제한 일화가 있다. 이 유명한 일화를 바탕으로 비트코인을 사랑하는 사람들이 5월 22일을 'Bitcoin Pizza Day'라 부른다. '라슬로'라는 사람이 1만 비트코인으로 피자 두 판을 구입한 날을 기념하는 것이다.

비트코인 가맹점

2017년 12월을 기준으로 하여 전 세계 가맹점은 8,257개에 이르고 있다. 한국 역시 서울을 중심으로 하나둘 생겨나고 있다. 최근 서울 최대 규모의 지하상가인 강남 고속터미널 지하상가에서 크리스마스를 전후해 600여개의 점포에서 비트코인을 사용하고 있으며, 각종 음식점들에서 비트코인 가맹점이 늘어나고 있음을 언론매체를 통해 자주 접하게 된다.

비트코인과 관련된 명언

미국의 기업가 크리스 딕슨은 화폐의 진화과정을 다음과 같이 설명하고 있다. 금과 같은 상품 화폐는 1세대 화폐, 달러와 같은 국가 화폐는 2세대 화폐, 비트코인과 같은 암호화폐는 3세대 화폐이다.

노벨평화상 후보자인 레옹 로우는 이렇게 말한다.

- 지식인이라면 비트코인을 알아야 한다. 비트코인은 어쩌면 인간의 가장 위대한 발명 중의 하나가 될 수도 있기 때문이다.

세계 1위 부자인 빌 게이츠의 말도 의미심장하다.

- 비트코인은 위대한 기술의 창조물이다.

팀 쿡 애플 CEO도 한 마디 남겼다.

- 다음 세대에 태어나는 아이들은 돈이 무엇인지 모르게 될 것이다.

비트코인의 등장 배경

달러 체제에 대한 불신에서 시작되었다. 특히 2008년 리먼브라더스 파산으로 인한 금융위기, 그리고 이로 인해 촉발된 양적 완화가 비트코인의 직접적인 등장 배경이 되었다. 한마디로 금융기관이 만든 파생상품을 정부가 관리하지 못해서 엄청난 피해가 고스란히 국민에게 오자 더 이상 제도권(정부, 은행) 등을 신뢰할 수 없다는 생각해서 나온 것이다.

이더리움이란?

이더리움의 창립자 '비탈리 부테린'은 20대의 비트코인 천재 해커 출신이며, 그는 페이스북 마크 저크버그를 제치고 세계 IT 기술상을 수상했다. 그는 제한적인 비트코인의 기능에 지급결제, 주식발행, 부동산계약, 보험상품 설계, 법인등록, 전자투표 등 여러 기능을 중앙의 인증기관 없이 안전하고 효율적으로 수행하기 위한 프로그램을 개발하기 위한 플랫폼인 이더리움을 개발하게 된다.

이더리움은 '비트코인 2.0'이라고 할 정도로 비트코인의 진화된 버전이며, 스마트 계약을 실행하는 분산형 플랫폼이다. 이더리움은 2014년 8월, 클라우드 펀딩을 통해서 1비트코인에 2,000이더리움으로 선 판매하여 약 180억원을 투자 받아서 운영하기 시작했다.

비트코인 VS 이더리움

비트코인은 블록체인이라는 기술을 기반으로 하여, 정보만 오가던 인터넷이란 가상공간 속에서 매우 적은 수수료로 화폐의 자유로운 이동을 가능하게 하는 암호화폐이다. 이더리움은 비트코인의 블록체인 기술이 시현한 화폐의 기능에 더해 사물인터넷을 구현하는 핵심 플랫폼이다. 대체로 2020년 사물인터넷을 통해 서로 연결되는 사물의 수는 1조개에 달한다고 한다.

암호화폐 선택 기준

비트코인과 이더리움 이외에 다른 암호화폐(이를 통상 알트코인이라 한다)에 투자하기를 원한다면 다음 두 가지를 반드시 체크해야 한다.

첫째, 주요 국제거래소에 등록되어 있는가? 그리고 시가총액은 어느 정도인가?

둘째, 즉시 전액 현금화가 가능한 암호화폐인가? 유동성이 충분한가? 거래량이 지속적으로 유지되는가?

비트코인 주소란
무엇인가?

비트코인 주소는 한 마디로 계좌번호를 말한다. 26~35자리의 글자로 이루어졌다. 대부분 34자리이다. 비트코인 주소는 다음과 같은 특징이 있다.

1. 비트코인 주소는 반드시 1 또는 3으로 시작한다.

2. 이 주소로 코인을 보내면 그 주소의 주인이 해당 코인의 소유권을 가지게 된다.

3. 주소를 입력하려다가 오타를 입력하면 코인이 잘못 전송될 수 있다. 그래서 복사키 기능을 통해 주소입력을 권한다.

4. 주소는 비트코인 프로그램에서 임의로 생성된다. 발급해주는 기관이 없다.

5. 주소는 거의 무한정 생성이 가능하다.

6. 임의로 똑같은 주소가 나올 확률은 로또가 연속 11번 당첨되는 것과 비슷하다.

개인키, 공개키, 주소, WIF

1. 개인키(Private key)

임의의 숫자와 알파벳(0~9, a~f)의 나열이다. 본인만 아는 비밀번호 같은 것이다, 다른 사람에게 알려주면 큰일 난다.

2. 공개키(Public key)

개인키를 이용해서 만든다. 여러 암호화 과정을 거치는데 중간에 SHA(Secure Hash Algorithm, 안전한 해시 알고리즘)-256 단방향 암호화가 들어간다.

3. 주소(Address)

개인키를 이용해서 만든다. 공개키에는 체크섬(checksum)이 없고 길이가 길어서 누구에게 전달하다가 한 글자라도 틀리면 큰일 나므로 길이를 짧게 하면서 이에 맞는 주소가 되도록 만들었다. 비트코인 주소는 1 또는 3으로 시작한다.

4. WIF(Wallet Import Format)

개인키를 옮기다가 한 글자라도 틀리면 큰일 나므로 체크섬을 넣어서 변환한 것이다. 개인키를 어떤 비트코인 프로그램에서 다른 비트코인 프로그램으로 옮길 때 상용하거나 종이 지갑을 만들 때 사용한다.

트랜잭션이 뭐지?

A가 B에게 비트코인을 보내면 비트코인 프로그램에서 문자열을 만든다. 이 문자열을 트랜잭션(Transaction)이라고 한다. 주소 하나에서 하나로 보낼 수 있지만, 주소 하나에서 여러 개로 보낼 수도 있고, 주소 여러 개를 합쳐서 여러 개로 보낼 수도 있다. 이렇게 트랜잭션(문자열)을 만든 다음에 이를 사람이 알아보기 쉽게 한 번 더 프로그램을 실행해서 만들어준다. 이를 트랜잭션아이디(Transaction ID, 이하 txid)라고 한다. 이 txid를 이용해서 내 전송이 제대로 됐는지 안 됐는지 확인할 수 있다.

양자 컴퓨터가 나오면
비트코인이 해킹 당한다?

양자 컴퓨터가 나오면 비트코인은 해킹 당하게 된다. 양자 컴퓨터의 굉장히 빠른 연산속도로 비트코인 개인키를 순식간에 만들 수 있으므로 지갑의 암호화를 양자로 풀어낼 수 있다. 하지만 비트코인 암호화가 깨질 정도이면 지구상의 모든 은행·금융 등의 암호화도 무사할 수 없다고 봐야 한다.

또한 양자 컴퓨터가 나올 때쯤이면 양자 컴퓨터로 해독할 수 없을 정도의 더 복잡한 암호화 시스템이 나오게 될 것이다. 금융시스템이 양자 컴퓨터가 나올 때까지 암호화 기술개발을 멈추고 있지는 않을 것이기 때문이다. 그렇게 되면 모든 금융시스템의 암호도 모두 변경될 것이다.

마찬가지로 비트코인 암호화도 변경될 가능성이 크다. 결론적으로 양자 컴퓨터가 나오면 지금의 비트코인 시스템을 해킹할 수 있다. 하지만 양자 컴퓨터 시대의 비트코인 시스템은 해킹할 수 없다. 즉 비트코인은 해킹 당하지 않는다는 말이다.

투자를 위한 10가지 원칙

1. 시장은 예측이 아니라 대응이다.(생각이 틀렸으면 즉시 바꿔야 한다)
2. '이유 없이' 크게 '떨어질 때 팔면' 무조건 '후회' 한다.
3. 예약 매도를 했다면 시세의 등락을 신경 쓰지 않는다.
4. 대폭등 전조(breakout)가 아닌 이상 추격 매수 금지
5. 욕심 부리지 말 것
6. 끊임없이 공부할 것
7. 조급해하지 말 것
8. 스스로 판단해서 투자할 것
9. 초심을 잃지 말 것
10. 컴퓨터를 끄고 밖에 나가서 일상생활을 할 것

투자를 시작하기 전
알아두어야 할 몇 가지 충고

1. 절대 올인 하지 말 것
2. 상투에서 매수하지 말 것

3. 혹시나 갑자기 크게 물릴 경우 패닉에 빠져 바닥에서 매도하지 말 것(코인 가격이 상승하고 있을 때 정말 고점이 아니라면 한 번에 모든 코인을 매도하지 마라. 그렇게 매도하고 추가적으로 더 상승할 수도 있기 때문에 나머지 25%는 보유하는 게 좋다).
4. 나쁜 결정을 하지 않게 침착하라(욕심 부리지 말고 수익을 보고 다음 추천 코인을 기다려라).

암호화폐 실전 투자 원칙

1. 추격매수 금지(미리 포지션을 잡을 것)
2. 대세상승장에서 공매도 금지, 대세하락장에서 공매수 금지
3. 진입 시에는 미리 목표금액 설정해서 세팅할 것
4. 첫째도 진입, 둘째도 진입, 셋째도 진입 - 진입시점이 제일 중요함
5. 진입 후에는 이변이 없는 한 계획대로 진행할 것
6. 계획 밖의 변동은 내 돈이 아니었으므로 욕심내지 말 것
7. 서버도 차트도 내 마음처럼 움직이지 않을 수 있으니 꼭 설정 후에는 거래가 체결될 때까지 기다릴 것
8. 아침에 일어나서 바로 매매금지 : 어떤 상황이라도 시장상황

정확히 체크 후 매매할 것

9. 시장가 매매 절대금지

10. 계획변경 시에는 꼭 거래량 및 전체 시총 확인 후 매매할 것

11. 아무리 변동이 심한 상황이더라도 상황파악이 되기 전에는 매매금지

12. 예상 외의 폭등종목은 빨리 캐치한 경우 진입하되 5초안에 청산할 것 - 물림 방지

13. 웬만하면 미리 예상한 경우가 아닌 한 진입하지 말 것

가상화폐
투자 피해 사례

　다음은 암호화폐 투자 사례에 대한 최근의 신문기사다. 잘 읽어보고 남의 일이라 생각하지 말고 어느 순간 나도 피해자가 될 수 있으니 주의하기 바란다.

　- 가상화폐 사기로 611억 원 가량을 받아 챙긴 가상화폐 다단계 사기 일당이 경찰에 붙잡혔다. 부산경찰청 지능범죄수사대는 가상화폐 투자 사기로 6,000여명의 돈을 가로챈 가상화폐 다단계 사기 일당 39명을 붙잡았다. 이들 중 9명은 사기 등 혐의로 구속, 나

머지 30명은 불구속 입건했다. 이들은 비트코인을 모방한 가짜 가상화폐를 만들어 투자자를 모집하며 투자 유치 시 투자금의 10%를 수당으로 지급하는 다단계 방식으로 회원 수를 늘린 것으로 밝혀졌다. 특히 가상화폐 사기 일당은 2009년 1원에 불과했던 비트코인의 가격이 200만원을 넘어서는 사례를 언급하여 가상화폐 다단계 투자 시 1만 배의 수익을 챙길 수 있다고 현혹한 사실이 드러났다.

이러한 가상화폐 투자 사기의 피해자들은 퇴직자, 자영업자, 종교인, 가정주부 등 다양한 직업군에 속해 있으며 적게는 130만원의 피해를, 많게는 2억 1천만 원의 피해를 입었다. 경찰은 이번 가상화폐 사기 일당이 투자자들에게 돌려막기 식으로 수당을 지급하는데 가상화폐 투자사기 피해 금액의 80%를 사용, 실제 챙긴 돈은 104억원으로 추산했다.

경찰은 국내에는 아직 정식으로 허가되어 발행된 가상화폐가 없는 점을 강조, 시중에서 현금으로 유통할 수 없는 화폐임에도 새로움 투자 산업인 것처럼 현혹하는 방식은 전형적인 가상화폐 사기 수법이라고 설명했다.

실크로드 암시장

   실크로드 암시장은 불법 마약, 아동 포르노, 불법 무기를 비트코인 블록체인을 통해 거래했다는 이유로 FBI에 압류된 바 있다. 실크로드 암시장을 만든 로스 윌리엄 울브리히트도 기소되었다.

2017년 기준으로 국내 상장 코인들 얼마나 올랐을까?

   2017년 1~2월의 대략적인 저점을 기준으로, 2017년 12월 말 가격으로 비교해보면 대략 다음과 같다.

- 비트코인 : 730달러 → 16,140달러(22배)
- 이더리움 : 9.6달러 → 764달러(80배)
- 리플 : 0.006달러 → 1.13달러(188배)
- 라코 : 4달러 → 281.7달러(70배)
- 대시 : 11달러 → 1,197달러(109배)
- 제크 : 30달러 → 549달러(18배)

- 이더리움 클래식 : 1.2달러 → 30.3달러(25배)

코인시장 이슈 호재를
등급별로 정리하면 다음과 같다

- 하드포크(hard fork, 기존 블록체인과 호환되지 않은 새로운 블록체인에서 다른 종류의 암호화폐를 만드는 것을 말한다), 소각(전체 거래량에서 일정량을 없애는 것으로 공급이 감소되는 효과가 있음. 수요가 그대로 있다면 가격은 상승됨) : 상급
- 대형거래소 상장 : 상급
- 스냅샷(snap shot, 시스템 메모리상의 여러 프로세스와 모듈에 대한 읽기 전용 복사본. 휘발성 증거를 포착할 때 사용한다. 즉 순간적으로 자료나 정보를 저장한다는 의미를 가지고 있다. 암호화폐에서 스냅샷이란 스냅샷을 찍는 시점에서 전자지갑에 있는 보유량을 저장한다는 의미. 대개 스냅샷을 찍어 가지고 있는 사람만 파생코인을 준다) : 중상급
- 베타버전(beta version, 무료로 배포하여 제품의 테스트와 오류 수정에 사용되는 제품) : 중급
- 나머지 거래소 상장 : 중하급
- 로드맵(road map, 어떤 일을 추진하기 위해 필요한 목표, 기준 등을 담아 만

코인의 매매 방법

- 초보자 : 단타 개념으로 치면서 매일매일 현금화한다.
- 중급자 : 스윙(swing) 개념으로 한 달에 1~2번 한다. 저점 잡고 고점 될 때까지 한 달 혹은 두 달을 기다린다.
- 고수 : 모든 종목에 저점을 찾아 자금 분산시키고 자금 이동할 때 고점익절(高點益切 : 높은 수익이 나는 점에서 이익을 보고 빠져 나옴)한 다. 단 마지막 총알은 꼭 현금으로 남겨놓고 단타 파동을 먹든 지, 암호화폐 시장이 극심한 혼한, 즉 패닉(panic)이 을 때 저점(底點) 줍는다.

코인^{Coin}과 토큰^{Token},
그 차이점은 무엇인가?

암호화된 '코인'과 '토큰'이라는 용어는 종종 같은 의미로 사용된다. 하지만 실제로는 몇 가지 차이점을 가지고 있다. 첨단 기술 분야에서 발생하는 문제점 중 하나는 종종 규제가 기술에 뒤처지는 경향이 있다는 것이다. 언어에 있어서도 마찬가지다. 용어는 필요에 따라 만들어지고 발전하므로 그 사용과 의미에 대한 명확한 합의가 항상 존재하는 것은 아니다. 블록체인의 가치를 말하기 위해 사용되는 두 용어로서 코인과 토큰을 꼽을 수 있다. 두 용어의 의미와 그 사용법은 상당 부분 겹치기도 하고, 이에 따라 종종 바꿔 사용하기도 하지만 엄밀히 말하자면 약간의 차이가 있다.

기능이나 형태가 다르다

대략적으로 말하자면 코인은 지불 수단으로 볼 수 있고, 토큰은 이에 비해 더 넓은 기능을 가지고 있다. 코인의 분명한 목적은 화폐처럼 사용되어 전통적 화폐의 기능인 회계의 단위, 가치의 저장, 가치의 이전 수단 등을 만족하는 것이다. 코인도 비트코인, 라이트코인, 모네로 등의 경우처럼 고유한 블록체인 토큰의 형태를 취하는 경향이 있지만, 항상 그래야만 하는 것은 아니다. 이더리움(Ethereum)에 기반한 크로노뱅크(Chronobank)의 노동 시간(LH) 토큰은 코인으로 생각될 수 있는 경우이다. 노동시장 토큰의 목적은 단지 화폐의 형태로만 작동하는 것이다. 가치를 저장하고 기업이 서비스를 고려하고 비용을 지불하는 데 사용되도록 하는 것이다.

이를 위해 사용자 편의를 고려하여 ERC20 표준으로 생성된다. 블록체인 토큰은 값을 가지고는 있지만, 코인과 똑같은 방식으로 돈으로 간주할 수는 없다. 토큰은 일반적으로 이더리움이나 웨이브와 같은 또 다른 블록체인에서 사용된다. ETH와 WAVE의 경우처럼 코어 코인을 사용하여 토큰을 생성할 수 있도록 하는 2.0 프로토콜이 존재한다. (하지만 두 토큰이 BTC가 단순 통화로 사용되는 경우와 마찬가지로 시스템을 작동시키는 '연료'처럼 기능한다는 측면에서 코인으로 봐야 한다는 논쟁도 있다)

토큰은 디지털 화폐 이상의 기능을 제공한다

투기적인 수익을 넘어서 투자자에게 새로운 가치를 가져다 줄 수 있는데, 이것이 크로노뱅크의 타임(TIME) 토큰의 목적 중 하나이다. 배당금 지급에 규제 문제가 수반되기 때문에 일반적으로 환매를 통해 이루어지지만, 다양한 방법으로 가치가 발생될 수 있다. 기업의 핵심 의사 결정이나 플랫폼의 기술적인 변경사항에 대한 투표를 개최하는 데에 사용될 수도 있다.

실질적으로 코인과 토큰은 경계가 흐리다

하지만 실질적으로, 코인과 토큰 사이의 구분이 분명한 것은 아니다. 코인과 토큰 모두 미국 달러와 주식이 사람들에 대한 보상 수단으로 사용되는 것처럼 가치의 이전과 지불 수단의 기능으로 이용될 수 있다. (주로 가치 이전 수단으로 많이 활용되고 있다)

이더리움 바탕의 크로노뱅크(Chronobank) 노동시간(LH) 토큰처럼 2.0 플랫폼에서는 코인을 바탕으로 토큰을 만드는 것이 가능하다. 그리고 코인의 목적도 단순한 지불 이상이 될 수 있다. 예를 들어 크라운은 트론 서버에 등록된 10,000개의 코인을 거버넌스 투표를 위한 일종의 선거인단으로 사용한다. 기술의 발전에 발맞춰 용어 또한 진화하고 발전하겠지만, 대부분의 사람은 지금처럼 뭉뚱그려 구분하는 것에 계속 동의할 것이다. 코인은 현금처럼 사용하는 화폐이고 토큰은 그 외의 모든 것을 의미하는 것으로 말이다.

미래에 크게 주목 받을 암호화폐들의 특징

- 코모도(KMD) : 지캐시에서 포크된 코인, 슈퍼넷 재단에서 개발한 것으로 저렴한 수수료가 장점이다.
- 퀀텀(Quantum) : 중국판 이더리움이다. 비트코인과 이더리움 각각의 장점을 결합한 하이브리드 블록체인 플랫폼이다.

- 바이트볼(Byteball) : 분산화된 데이터베이스로 바이트(BYTE)라는 암호화폐를 사용한다. 최초로 양자 컴퓨터 시대에 해킹으로부터 안전한 기술이다.

- 텐엑스 페이 토큰(TenX Pay Token) : 가상화폐를 기반으로 한 체크카드와 모바일 지갑을 제공하는 플랫폼이다.

- 트랜스퍼 코인(Transfer Coin) : 추적할 수 없는 디지털 트랜스퍼 매체를 목표, P2P 디지털네트워크 솔루션, 송금과 거래에 특화된 코인이다. 송금 시간 60초.

- 네오코인(NEO) : 중국의 이더리움으로 불린다. 중국 온체인의 최고 경영자 다훙페이(Da Hong fei)로 인해 개발, 앤트쉐어라는 이름으로 소개되다가 2017년 NEO라는 명칭으로 변경. 자바, 파이썬, 마이크로소프트넷 등의 다양한 개발 언어를 지원하기 때문에 개발자가 의도하는 대로 스마트 계약 기능을 구현할 수 있는 장점이 있다. 퀀텀과 시가총액을 다투고 있다.

- 뉴이코노미무브먼트(NewEconomyMovement, NEM) : 비트코인 블록체인 기술을 개량한 블록체인 자바 플랫폼이다. 통화, 공급망, 공증, 소유권 기록 등 거의 모든 종류의 자산을 관리할 수 있는 세계 정상급 플랫폼이다. 중국의 카카오라고 할 수 있는 위챗이 첫 암호화폐를 NEM으로 한다는 말이 있다.

- 베이직 어텐션 토큰(Basic Attention Token, BAT) : 디지털 광고용으로 설계된 공개 소스 분산형 토큰으로 이더리움 기술을 기반으로 하였다. 블록체인 기반 디지털 광고 및 서비스 플랫폼에서

광고주, 게시자 및 사용자 간의 계정 단위로 사용이 가능함.

- 솔트 코인(SALT coin) : 암호화폐 전당포. 암호화폐를 담보로 실물화폐를 빌려주는 기관이다.

- 스텔라 루멘 코인(XML) : 리플에서 나왔으며, 비영리 결제 네트워크 플랫폼, 스텔라 결제 네트워크에서 사용되는 암호화폐이다.

- 에이다 코인(ADA coin-ADA) : 모바일 최적화 암호화폐 플랫폼으로 3세대 블록체인 암호화폐이다. 1세대 비트코인, 2세대 이더리움, 3세대 에이다 이런 식이다. 하스켈(Haskell, 순수 함수형 프로그래밍 언어) 프로그래밍 언어로 구축하여 양자 컴퓨터 시대에도 안전하게 설계됨.

- 오미세고(OMG) : 이더리움을 기반으로 한 금융 플랫폼이다. 'Unbanked the Banked'라는 슬로건으로 기존의 은행 서비스를 대체할 만한 서비스를 제공. 태국, 싱가포르, 일본, 인도네시아를 주 지역으로 2013년부터 서비스를 시작함.

- 파워 렛저 코인(Power Ledger coin) : 탈중앙화 된 블록체인을 기반으로 개인 간 에너지 거래 플랫폼이다. 태양광 에너지와 같은 재생에너지 거래를 위한 시스템을 구축함. 친환경에너지와 재생에너지에 대한 본격적인 시장이 움직이면 주목받을 것으로 보임.

- 엔엑스티 코인(NXT coin) : 자체 고유 코드인 NXT 코드를 가지고 있다. POS 기반이라 블록처리 시간도 1분 정도 소요됨. 차세

대 코인으로 주목을 받음. VISA나 Mastercard 거래 접근도 가능하다고 함.

- 대시 코인(Dash Coin) : 실시간 급의 전송기능, 완벽에 가깝게 보장받는 익명성과 추적이 불가능한 성질을 갖는 분산 암호화폐이다.

- 라이트 코인 : 비트코인이 금이라면 자신들은 은이라고 표현하는 코인. 비트코인에 기초해 만들어진 암호화폐. 즉 비트코인의 파생 화폐이다.

- 리플 코인(Ripple coin - XRP) : 블록체인 기술을 은행에 적용하여 화폐 간의 중간 서브 브릿지 역할을 해주는 암호화폐를 목적으로, 금융거래 및 지불 시스템 등에 사용하기 위해 개발되었으며 국제결제시스템망(SWIFT)을 대체할 새로운 대안으로 떠오르고 있다. 글로벌 제도권 대형은행 80여개가 리플블록체인 네트워크에 참여하고 있다.

- 메탈(Metal) : 전 세계 어디에서나 주고받을 수 있고 지불 가능한 디지털 통화 플랫폼을 목적으로 개발, 즉 페이팔과 같은 기능으로 처리가 가능. PoPP(Proof of Processed Payment, 공정거래 증명)이라는 프로세스를 통해 공정하게 분배된다.

- 모네로(Monero) : 익명성과 추적이 불가능한 성질을 갖는 분산 암호화폐. 계좌추적이 사실상 불가능하여 마약 거래 등 사이버 범죄자들 사이에 많이 활용된다고 알려졌다.

- 스테이터스 네트워크 토큰(Status Network Token) : 이더리움을 기

반으로 하는 메시지 플랫폼. 위쳇 같은 기능을 함.

- 웨이브 : 웨이브 플랫폼에서 사용되는 가상화폐. 웨이브 플랫폼은 분산된 크라우드 펀딩 및 디지털 통화의 전송, 거래 및 저장이 가능하다.

- 이더리움클래식(ETC) : 이더리움의 하드포크로 인해 생성된 암호화폐.

- 지캐시(Zcash) : 익명성과 추적이 불가능한 암호화폐이다. 같은 성격의 모네로 다음으로 시가총액이 높다.

- 비트코인 다이아몬드(Bitcoin Diamond) : 비트코인 블록체인의 포크이다. 비트코인 본연의 기능을 보존한 업그레이드 버전이다. 블록크기 8MB으로 확대하여 느린 거래를 보완하였다.

- 비트코인 골드(Bitcoin gold) : 비트코인에서 두 번째로 분리된 암호화폐이다. 비트코인보다 전기료가 더 많이 나오는 상황을 해결하기 위해 채굴 암호 난이도를 낮추었다. 일반인들이 쉽게 접근할 수 있는 GPU(Graphic Processing Unit) 방식으로 채굴할 수 있다. ASIC채굴기로는 채굴할 수 없다.

- 비트코인 캐시(Bitcoin cash) : 비트코인에서 분리되어 나온 첫 번째 암호화폐이다. 기존 비트코인 블록이 1MB로 용량이 제한되어 있었지만, 비트코인 캐시는 최대 8MB까지 용량을 확장할 수 있어 비트코인보다 거래 속도가 빠르고 수수료가 저렴하다.

일본이 암호화폐를
장악할까?

　일본은 2017년 8월 세계 최초로 비트코인을 기반으로 한 채권을 발행했다. 일본 재무 정보 제공업체 피스코가 3%의 이자 지급과 3년 만기 후 200BTC를 보장하는 채권이다. 2017년 6월에는 일본의 비트코인 거래소 비트프라이어가 고객들에게 비트코인 보험을 제공하기 시작했다. 미쓰이스미토모 보험이 제공하는 상품으로, 거래와 관련해 기술적인 문제로 야기되는 손실을 보상한다. 거래소 해킹에 대비해 고객을 보호하는 장치다. 온라인 거래소는 고객의 계좌에 담긴 자산을 위임받아 운영하기 때문에 비트코인 생태계에서 가장 위험한 지점이다. 비트코인 거래소 관련 보험 상품 제공은 비트코인이 주류에 진입하고 안착하는 데 결정적인 역할을 할 가능성이 높다.

　일본의 금융 기업들이 적극적으로 비트코인 관련 사업에 참여할 수 있는 것은 정책 환경이 호의적이기 때문이다. 2017년 4월 1일 일본에서 비트코인을 합법적인 지불 수단으로 취급하기 시작했다. 이는 거의 드라마에 가까운 반전이라는 평이 많다.

　2014년 2월 일본에 본점을 뒀던 세계 최대의 비트코인 거래소 마운트 곡스가 해킹으로 파산했다. 마운트 곡스는 글로벌 온라인 거래소였다. 법화로 비트코인을 구입할 수 있는 세계 최초의 비트코인 거래소로서도 상징성이 큰 거래소였다. 2013년 중반 중국의 위안화 거래소들이 개업하기 전까지 전 세계 비트코인 거래의 60% 이상을 차지하기도 했다. 회사는 최종적으로 65만 비트코인을 해킹으로 분실했다고 보고했는데, 당시 비트코인 총 발행량의 5%에 이르며 당시 시가로도 3억7000만 달러의 손실이었다.

대표이자 오너인 마크 카펠레스는 프랑스인이다. 일본 검찰은 카펠레스 대표를 데이터 조작과 공금횡령 혐의로 체포했다. 단지 해킹만이 아니라 회사 경영자들의 고의적인 횡령과 방만한 자금 운영이 비극을 초래했다는 내부 고발자들의 제보가 있었다. 이후 일본은 비트코인 황무지가 됐다.

하지만, 몇 개월 후 일본 집권 자민련의 태스크포스팀인 'IT전략 특명소위원회'는 비트코인을 민간의 자율 규제에 맡기고 무리하게 정부가 간섭하지 말자는 의견을 발표했다. 비트코인 사업자들은 관계 기관의 후원에 힘입어 '일본디지털자산협회(JADA)'를 발족, 비트코인에 관한 자체 규율에 나섰다. 일본의 거래소들은 익명 거래를 차단하며 자금 세탁으로 의심 가는 거래는 규제 당국에 보고하기로 했다.

1년이 지난 2016년 5월, 일본 국회에서 1개월 간의 논의를 거쳐 비트코인을 결제 수단의 하나로 인정하면서 불법이나 무자료 거래를 규제하는 법안을 통과시켰다. 법안은 2017년 4월 1일부터 발효됐다.

일본 정부는 중과세에 대한 우려도 해소했다. 2017년 7월부터 비트코인 구입 시 8%를 지불하던 소비세를 면제했다. 일본 국세청은 9월 과세 지침도 발표했다. 비트코인 투자나 거래로 얻은 소득은 소득 신고에 포함해야 하고 투자자 과세 구간에 따라서는 최고 세율인 45%까지 적용받을 수 있지만 장기 보유하면 더 낮은 세율이 적용된다.

법안이 발효된 4월 한 달 동안에만 비트코인 가격은 1,000달러에서 2,000달러를 돌파했다. 4월부터 엔화가 본격적으로 유입되면서 비트코인 거래 비율의 절반 정도를 차지하고 있다. 일본은 비트코인과 암호화폐 분야에서 세계의 중심지가 됐다.

미국도 비트코인 역사를 새로 쓰고 있다

2017년 7월 24일, 비트코인 연대기에 두세 손가락 안에 들어갈 대형 뉴스가 터졌다. 미국 상품선물거래위원회(CFTC)가 레저엑스(LedgerX)에 비트코인 선물 옵션을 포함한 파생 상품 거래 허가를 내줬다. 미국의 정부 기구가 주류 금융회사들에 비트코인을 취급해도 좋다는 일종의 허가장을 내준 시점이지만 뉴스 이후 비트코인 가격은 폭등하지 않았다. 결국 미국 정부의 비트코인 선물거래

허가는 12월 시카고옵션거래소(CBOE)와 시카고상품거래소(CME)에 의해 본격적으로 실행되기 시작했고, 이 시점이 돼서야 가격에 영향을 미치는 대형 사건이 됐다.

이처럼 암호화폐 시장은 부동산과는 다르다. 부동산의 경우에는 개발호재 발표가 나면 가격이 상승하다 개발에 들어가면 추가적으로 상승한다. 하지만 암호화폐는 어떤 정책이 발표되었다고 해서 가격이 바로 오르지는 않는다. 그 발표가 실제적으로 움직이는 시점에 가격이 상승하는 구조를 가지고 있다.

이는 경제학자들이 '마찰'로 간주하는 이론과 현실의 간극으로 설명할 수 있다. 마찰로 인한 간극이 크다는 것은 아직도 초기라는 뜻이다. 즉 남보다 우월한 정보가 아닌 알려진 지식만을 가지고도 이익을 얻을 기회가 아직 많다는 의미다.

암호화폐 투자 시 금지사항

- 오르는 코인을 무조건 따라 산다.
- 코인 이외에는 다른 건 신경 쓰지 않는다.

일반 대중과는
같은 편에 서지 마라

- 일반 대중과는 같은 편에 서지 말아야 한다. 자기가 내린 분석 결과가 일반여론과 다른가를 확인한 후에 매매결정을 내려라.
- 특히 기초분석을 조사기관, 전단지나 다수의견과는 정반대로 해야 한다. 평균보다 높은 수익을 올리기 위해서는 대다수의 전문가를 포함한 어리석은(?) 대중과는 거꾸로 한다.

게시판에서 세력이
전단지 작업 하는 방법

1) 저점에서 세력이 매집하고 있는 동안은 게시판에서 어떤 활동도 하지 않는다.

  → 해당 코인에 대해 게시판에서 조용하다면 그 코인을 유심히 관찰해야 한다.

2) 매집이 끝나면 펌핑(pumping)하기 전 개미들을 털기 위해 살짝 펌핑을 준 뒤 크게 흔들어서 단타 개미들을 떨궈낸다. 이를 일명

매집봉(저점에서 주가가 횡보하다가 거래량이 터지면서 발생하는 위 꼬리가 긴 양봉 캔들을 의미)이라 한다.

　→ 게시판에 갑자기 해당 코인에 대한 근거 없는 찌라시가 돌다 쏙 들어간다.

　3) 매집봉을 2~3차례 줘 겁을 준 뒤, 더 이상 개미들이 해당 코인에 관심을 두지 않게 되면 조금씩 올리다가 갑자기 펌핑을 시작한다.

　→ 게시판이 해당 코인에 대해 조용한 편인데 고점이 조금씩 올라가고 있다면 펌핑 직전인 순간이다.

　4) 펌핑이 완료되면 그때부터 각종 찌라시가 본격적으로 돌기 시작한다.

　→ 비트코인으로 따지면 비트코인이 1억 간다는 소리가 돌기 시작한다. 이는 현재 펌핑이 모두 완료되었고 개미에게 물량을 떠넘기기 위해서는 고점에 개미들이 타게 해야 하기 때문이다. 모든 개미에게 물량 떠넘기기가 모두 완료되면 가즈아 소리도 없고 찌라시도 갑자기 사라진다.

암호화폐 관련 은어

- 가즈아 : 자신이 투자한 비트코인 가격이 올라가길 바라는 마음으로 가즈아!(=가자)를 외친다. 때론 '한강 가즈아~'처럼 비관적으로 쓰일 때도 있다는 것이 함정

- 존버 : 'X나 버틴다'의 준말. 충분히 유추가 가능하다. 이외수 작가가 썼던 말로도 유명하다. 비트코인 매매가의 변동이 커도 버티면서 오르길 바라는 투자자들의 마음이 느껴지는 용어

- 코린이 : '코인'과 '어린이'의 합성어. 비트코인에 대해서 잘 모르고 투자했다가 망한 이들을 지칭. 잘 모르고 투자한 직장인들도 포함되지만 실제로 미자(미성년자)도 포함되어 있다고 한다.